学生热爱环境教育

《"四特"教育系列丛书》编委会　编著

吉林出版集团股份有限公司

全国百佳图书出版单位

图书在版编目（CIP）数据

学生热爱环境教育／《"四特"教育系列丛书》编委会
编著 . —长春：吉林出版集团股份有限公司，2012.4
　（"四特"教育系列丛书／庄文中等主编 . 班主任治班
之道）
　ISBN 978-7-5463-8773-4

Ⅰ.①学… Ⅱ.①四… Ⅲ.①中小学生－环境教育
Ⅳ.① G631

中国版本图书馆 CIP 数据核字（2012）第 043973 号

学生热爱环境教育

XUESHENG RE'AI HUANJING JIAOYU

出 版 人	吴　强
责任编辑	朱子玉　杨　帆
开　　本	690mm×960mm　1/16
字　　数	250 千字
印　　张	13
版　　次	2012 年 4 月第 1 版
印　　次	2023 年 2 月第 3 次印刷
出　　版	吉林出版集团股份有限公司
发　　行	吉林音像出版社有限责任公司
地　　址	长春市南关区福祉大路 5788 号
电　　话	0431-81629667
印　　刷	三河市燕春印务有限公司

ISBN 978-7-5463-8773-4　　　　　定价：39.80 元

前　言

　　学校教育是个人一生中所受教育最重要的组成部分,个人在学校里接受计划性的指导,系统地学习文化知识、社会规范、道德准则和价值观念。学校教育从某种意义上讲,决定着个人社会化的水平和性质,是个体社会化的重要基地。知识经济时代要求社会尊师重教,学校教育越来越受重视,在社会中起到举足轻重的作用。

　　"四特教育系列丛书"以"特定对象、特别对待、特殊方法、特例分析"为宗旨,立足学校教育与管理,理论结合实践,集多位教育界专家、学者以及一线校长、老师们的教育成果与经验于一体,围绕困扰学校、领导、教师、学生的教育难题,集思广益,多方借鉴,力求全面彻底解决。

　　本辑为"四特教育系列丛书"之《班主任治班之道》。班主任是教师队伍的重要组成部分,是班级工作的组织者、班集体建设的指导者、学生健康成长的引领者,是思想道德教育的骨干,是沟通家长和社区的桥梁,是实施素质教育的重要力量。班主任工作是学校教育中极其重要的育人工作,既是一门科学,也是一门艺术。班主任工作既包括日常的教学管理,也包括班级文化建设。

　　本辑共20分册,具体内容如下:

　　1.《管好班干部》

　　班干部是班集体的核心,也是班级的"火车头",这个"头"带的好不好,马力足不足,直接影响到整个班级的运转。有了优秀的班干部队伍,班级各项工作就会顺利开展,班级面貌就会生机勃勃;反之,班级就是一盘散沙,集体就会涣散无力。因此,如何培养一支素质高、能力强的班干部队伍,显得尤为重要。本书对班主任如何管理好班干部进行了系统而深入的分析和探讨,并提出了解决这一问题的新思路、可供实际操作的新方案,内容翔实,教案丰富,对中小学班主任颇有启发意义。

　　2.《带班的技巧》

　　本书讲述的常见问题与解决策略,绝大多数来自新时期一线班主任的教育实践,因此,其实用性和可操作性是不言而喻的。同时,本书又不拘泥于就"问题"论"问题",而是透过现象看本质,善于引导新班主任们看到问题背后更深层次的东西,从而看得更远、想得更深、悟得更多。

　　3.《全能班主任》

　　优秀的班主任是如何炼成的?他们的成长要经过多少道磨练?……本书对优秀班主任成长必经的多项全能进行了深刻剖析与精彩演绎。

　　来自一线最真实的问题,来自一线最优秀班主任的"头脑风暴",来自全国著名班主任的点拨，使得本书在浩如烟海的班主任培训用书中脱颖而出。

4.《拿什么约束班主任》

班级是学校进行教育、教学工作的基本单位。班主任是班集体的组织者、教育者和指导者，是学校领导实施教育、教学计划的直接执行者，是指导团队开展工作的重要力量，是沟通学校、家庭、社会三结合教育渠道的桥梁。为了能更好地体现新课程改革对班主任工作的要求，进一步规范班主任工作的管理，明确班主任工作职责，促进班级工作的开展，建立良好的班风、校风，班主任教师除了在工作中讲究技巧性和艺术性外，还应该有严格的工作要求与便于实践操作的基本规范。

5.《班主任的基本功》

班主任工作十分繁杂，头绪很多，要想成为一名优秀的班主任，应当从事务堆中解脱出来，始终保持清醒的头脑，以明确自己的使命。本书全方位地阐述了新时期做好班主任应具备的各方面要素；它从班主任实际工作出发，从工作中出现的问题入手，再到详细地分析问题的成因，最后提出解决问题的方法、策略或建议。本书反映了我国新时期有关班主任工作的方针、政策的新动向，反映了班主任教育理念发展的新趋势，同时也反映了班主任工作实践活动的新发展。

6.《从细节入手》

班主任是班级的组织者、协调者、领导者和教育者，他是距离学生最近、与学生接触最多、对学生影响最大的老师。他的管理、他的教育影响的发挥在很大程度上取决于对教育细节的把握。细节虽小，却能透射出教育的大理念、大智慧。一个成功的班主任，一定是一个关注细节、善于利用细节去感染、教育和管理学生的人。

7.《班主任谈心术》

当前，青少年心理健康问题已成为全社会越来越关注的焦点。因青少年心理问题引发的违法犯罪等社会问题，也呈日趋上升的态势。现代教育的发展要求教师"不仅仅是人类文化的传递者，也应当是学生心灵的塑造者，是学生心理健康的维护者"。作为一班之"主"的班主任，能否以科学而有效的方法把握学生的心理，因势利导地促进各种类型学生的健康成长，将对教育工作的成败有决定性的作用。但是，面对性格迥异，出身、家庭等各有不同的学生，如何走进他们的心灵、倾听他们的心声、解决他们的思想问题？本书将一一为您解答。

8.《班主任治班之道》

班级是学校的基础"细胞"。班级管理搞好了，学校的教育、教学工作才会得以顺利。正如赫尔巴特所说："如果不坚强而温和地抓住管理的缰绳，任何功课的教育都是不可能的。"可见班级管理工作是多么的重要。而班主任作为班级的组织者、管理者，做好班级的管理就成为班主任工作的重中之重。

9.《怎样开好班会》

主题班会可以锻炼学生的活动能力,开拓他们的眼界。如何设计好一场别开生面的主题班会,寓教于乐,从思想上和情感上润物无声,对学生起到特殊的教育作用,这本手册是您的最好选择。分类细,立意精,内容新,一册在手,开班会不愁!

10.《突发事件应对》

书中列举的大量真实生动的案例,无不充满智慧,充满心与心的交流。书中的一幕幕校园闹剧,让人有种似曾相识的感觉;书中老师的"斗智斗勇",让人感到耳目一新,由衷叹服,不禁感慨教育真是一门充满智慧的学问!

11.《学生人格教育》

本书从人格类型入手,对教师和学生的人格类型进行了划分;再结合大量实证研究和教学实践个案,提出了教师应如何巧妙地根据学生的心理类型,在全班教学的同时又针对类型差异,进行适应个别差异的教学和管理,以满足学生的需要来激发学生的学习兴趣,进而提高教学效率,使每个学生得到适合自己的发展。阅读本书,教师不仅能够掌握更有效的教学方式、让学生喜欢上学习、提高教学质量,而且能够对自己有更进一步的了解,有利于教师的自我成长。

12.《学生心理教育》

当前我国教育改革和发展面临的重大任务和时代主旋律,是全面实施和推进素质教育。素质教育的重要内容和目标之一,就是培养学生良好的心理素质,提高学生的心理健康水平。而要想培养和发展学生的心理素质,最重要的方法就是面对全体学生系统地开展心理健康教育。本书就是一本供中小学生心理健康教育用的书,有助于引导中小学生领悟到相关的理念、知识和方法。

13.《学生遵纪守法教育》

对广大青少年的遵纪守法教育应根据其认识水平,从纪律教育入手,让他们从小建立起规则意识。而且要明确所在学校的校规,所在班级的班规;要了解学校的各种制度。由学校的一些纪律制度,推而广之,让青少年对必要的社会公共秩序的规定也要有所了解。同时,要青少年明白人小也要守法。本书以青少年为主要读者对象,目的是让青少年读者感受到遵纪守法的必要性。

14.《学生热爱学习教育》

本书通过大量实例,深入浅出地剖析了动机的重要性和来源,教您如何激发学生投入学习的动机,怎样鼓励学生完成学习任务,还告诉您怎样及时遏制学生在课堂上的不当动机。掌握了激发学生学习动机的策略之后,您会发现,让学生都爱学习,已不再只是梦想,它正在慢慢变为现实。

15.《学生热爱劳动教育》

教育与生产劳动相结合是我党教育方针的重要组成部分,是我们坚持社会主义教育方向的一项基本措施。要搞好教育与生产劳动的有机结合,必须首先教育学生热爱劳动,使每个学生对劳动产生渴望,感到劳动是一种欢乐,是一种享受。当学生能从劳动中取得乐趣时,劳动教育才算获得成功。

16.《学生热爱祖国教育》

热爱祖国是中华民族的传统美德,是每个公民的神圣义务。"以热爱祖国为荣,以危害祖国为耻"不仅是一个普通的道德准则,也是公民的生活规范。爱国主义是维护中华民族大团结,促进社会大发展的主要精神动力,是中华民族最基本、最重要的传统美德。爱国主义,也是对自己祖国和人民的深厚感情。

17.《学生热爱社会教育》

构建社会主义和谐社会,必将为青少年健康成长创造一个优良的社会环境。同时,加强青少年社会教育,促进青少年健康成长,对于促进社会主义和谐社会建设,也具有十分重要的意义。社会的持续发展,持续和谐,在很大程度上取决于今天的青少年能否成为未来社会的合格成员,而培养合格的社会成员,仅靠学校教育、家庭教育是不够的,必须坚持学校教育、家庭教育和社会教育相结合。

18.《学生热爱科学教育》

当你们看着可爱的动画片,玩着迷人的电脑游戏,坐上快速的列车,接听着越洋电话的时候,……你可曾意识到科学的力量,科学不仅改变了这个世界,也改变了我们的生活,科学就在我们身边。科学技术的日新月异,使得科学不只为尖端技术服务,也越来越多地渗透到我们的日常生活之中,这就需要正处于青少年时代的我们热爱科学,学习科学。

19.《学生热爱环境教育》

我们不是从祖先那里继承了地球,而是从子孙那里借用了地球。宇宙无垠,地球是一叶扁舟,人类应该同舟共济。地球能满足人类的需要,但满足不了人类的贪婪。森林是地球的肺,我们要保护森林。水是生命的源泉,珍惜水源也就是珍惜人类的未来。拯救地球,从生活中的细节做起。对待环境的态度,表现着一个人的素质和教养。人类若不能与其它物种共存,便不能与这个星球共存。幸福生活不只在于衣食享乐,也在于碧水蓝天。

20.《学生热爱父母教育》

专家认为教育首先是让孩子"成人",然后再是"成才"。要弄清成绩、成人与成才三者的关系,谨防"热爱教育"缺失造成的心灵成长"缺钙"现象。对一个孩子健全人格的培养,最关键的要让他做到几点:热爱父母,能承受挫折、吃得起苦,有劳动的观念。热爱父母,才能延及热爱社会、热爱人生。

由于时间、经验的关系,本书在编写等方面,必定存在不足和错误之处,衷心希望各界读者、一线教师及教育界人士批评指正。

编者

目　录

第一章

学生热爱环境教育的理论指导

1. 环境教育的内涵和模式

环境教育的内涵

环境教育是以人类与环境的关系为核心，以解决环境问题和实现可持续发展为目的，以提高人们的环境意识和有效参与能力、普及环境保护知识与技能、培养环境保护人才为任务，以教育为手段而展开的一种社会实践活动过程。简而言之，环境教育就是以人类与环境的关系为核心而进行的一种教育活动。环境问题是由于人口增长、现代科技和现代生产力迅猛发展所产生的问题。因此，人类对生存环境恶化的担忧导致了环境教育的应运而生，其原始的动机还是来自于人类对自身生命的关爱和珍惜。

环境教育是实现环境保护目标的一种教育，是证明环境价值和澄清概念的一种过程，是培养人们具有理解和评价人、文化及其同环境之间相互关系所必需的技能和态度的过程。它也包括要人们遵循为保护环境所作的决策及行为准则的教育。环境教育包括两个方面的任务：一方面是使整个社会对人类和环境的相互关系有一新的、敏锐的理解；另一方面是通过教育培养出消除污染、保护环境以及维护高质量环境所需要的各种专业人员。环境教育的实施原则包含：整体性、终身教育、科技整合、主动参与解决问题、世界观与乡土观的均衡，永续发展与国际合作。

环境教育的模式

目前，公认的环境教育课程模式主要有两类：

一是多学科模式，也称渗透式模式，即将环境教育内容渗透到各门学科之中，通过各门学科课程化整为零地实施环境教育。这种课程模式，便于将环境领域的各方面内容分门别类，使学习者在各学科的学习中获得相应的知识、技能和情感，无需专门的师资和时间，教育成本较低。但是，由于环境教育内容分散，课程的综合评价较难，教育效果有时也不理想。

二是跨学科模式，又称单一学科课程模式，即从各学科中选取有关环境科学的概念、内容合为一体，组成一门独立课程。这样设置课程，能够一定程度弥补多学科课程模式中内容零散、缺乏系统的不足，使教育更富针对性与系统性，也利于课程的综合评价。然而，这就必须投入相应的人力和物力，往往还会增加学习者的负担。

环境教育的提出与发展

随着社会经济的发展，人类的生产能力不断提高，规模不断扩大，致使许多自然资源被过度利用，生态环境日益恶化。面对全球日益严重的环境问题，国际社会达成了共识：通过宣传和教育，提高人们的环境意识，是保护和改善环境重要的治本措施。1972 年斯德哥尔摩人类环境会议是全球环境教育运动的发端。会议强调要利用跨学科的方式，在各级正规和非正规教育中、在校内和校外教育中进行环境教育。随后环境教育开始体现在各国政府工作中，并逐渐形成全球性的环境教育行动。

1977 年，联合国教科文组织和联合国环境规划署在前苏联的第比利斯召开了政府间环境教育会议。在第比利斯会议上，各国初步意识到环境教育在教育中的重要性。《第比利斯宣言》指出"从其基本性质看，环境教育对更新教育过程可以做出贡献"，还呼吁"要有意识地将对环境的关心、活动及内容引入教育体系之中，并将此措施纳入到教育政策之中"。第比利斯会议是环境教育发展史上一个里程碑。《第比利斯宣言》突破了环境教育概念以知识为主的特点，明确提出环境教育的目标包括意识、知识、技能、态度和参与五个方面，拓展了环境教育的内容和方法，把环境教育引入了一个更广阔的空间，为全球环境教育的发展构建了基本框架。

1987 年世界环境与发展委员会发布了《我们共同的未来》，1992 年的地球高峰会议提出了《21 世纪议程》，使环境教育成为世界公民必备的通识，也是国际共负的责任。《21 世纪议程》是人类大家庭为创建未来可持续发展的行动纲领。《21 世纪议程》指出："教育对促进持续发展是非常关键的，它能提高人们对付环境与发展问题的能力，正规和非正规的教育对改变人们的态度都是必要的，使他们有能力估计并表达他们对持续发展的关心。"《21 世纪议程》提出了环境教育的重要任务：重新确定教育方向，以适应持续发展的需要；提高公众的意识；进行培训等，从而对整个人类社会的环境教育提出了更高的要求。

在联合国 1992 年环境与发展大会以后，中国很快就制定了环境与发展十大对策，确定实行可持续发展战略，并在世界上率先制定了《中国 21 世纪议程》。在该议程中写道："加强对受教育者的可持续发展思想的灌输。在小学的《自然》和中学的《地理》等课程中纳入资源、生态、环境和可持续发展内容；在高等学校普遍开设《发展与环境》课程，设立与可持续发展密切相关的研究生专业，如环境学等，将可持续发展思想贯穿于从初等到高等的整个教育过程中。"世界其他国家也纷纷行动起来进行可持续发展的教育，如 1993 年 6 月，东南亚国家联盟为持续发展举行了环境教育会议；1993 年年 9 月，在印度新德里举行了为实现持续发展的环境教育的全球讨论会，等等。

1994 年，联合国教科文组织提出"为了可持续性的教育"，要求把环境教育与发展教育、人口教育等相融合，建立了环境、人口和发展项目（EPD 项目），开始将环境教育转向可持续发展的方向。

1997 年，联合国教科文组织在希腊的塞萨洛尼基召开会议，确定了"为了可持续性的教育"的理念。这标志着环境教育已不再是仅仅对应环境问题的教育，它与和平、发展及人口等教育相结合，形成了"可持续发展教育"。"可持续发展教育"思想的出现，为"绿色学校"的蓬勃发展提供了坚实的理论基础。

基于世界环境教育发展的趋势，联合国教科文组织在 1997 年召开了一次世界环境教育培训大会，总结成绩，根据需要确定优先发展的教育领域和教育对策，并在此基础上，制定了 21 世纪第一个十年的环境教育与培训行动计划。

2. 环境教育的主要特点

环境教育具有全民性、终身性、全球性和学际性等特点。

全民性

环境教育，从对象上看，是全民教育，具有全民性的特点。因为环境质量的优劣和每一个人的生产活动、生活活动息息相关，没有全民的关心、参与和身体力行，困扰人们的环境问题就难以解决。环境教育应该渗透到人类生活的各种领域：家庭、学校、厂矿、企事业单位等。总之，凡是有人群的地方就应该有环境教育。

终身性

环境教育，从时间上看，是终身教育，具有终身性的特点。环境教育的终身性决定它应该是从摇篮到坟墓的教育，应该渗透到人生的各个阶段：婴幼儿、青少年、壮年、老年。

全球性

环境教育，从空间上看，是全世界各个国家和地区都在进行的教育，具有全球性的特点。环境问题是一个全球互相影响的问题。二氧化碳排放量的增加，不管来自北美、欧洲或亚洲，在地球周围积存构成的温室效应将影响整个地球。虽然这些环境问题发生在某个国家或地区，但其灾难性后果必将是全球性的。地球只有一个，我们必须共同关心和爱护人类共同的家园——地球。因为人们已进入了人类进化的全球性阶段，每个人显然地有两个国家，一个是自己的祖国，另一个是地球这个行星。

学际性

环境教育，从内容上看，是各个学科协同进行的综合教育，具有学际性的特点。环境教育的学际性特点是由环境问题的广泛性和综合性特点决定的。环境问题的解决，必须依靠多学科的通力合作才行。所以，环境教育绝非某一学科的任务，而是所有学科的共同任务。它不仅包括自然科学各个学科，而且还包括技术科学、数学科学、哲学和社会科学的各个学科。只有这些学科通力协作，环境教育才能取得更好的效果。

3. 环境教育与教育环境的关系

教育环境问题是个古老的命题。它是随着古代教育的产生而产生的，对教育环境问题的重视与研究是从学校教育产生之日起就开始了。关于这方面的研究，古今中外教育家留下了许许多多宝贵的遗产。如中国古代家教中"孟母三迁"的故事、荀子的《劝学》篇、英国欧文的性格形成论、法国卢梭的《爱弥儿》、日本小原国芳的"尊重自然"的教育信条，等等。

教育环境与环境教育是既相互区别，又紧密联系的两个不同概念。教育环境是指直接或间接影响人的生存和发展的全部外在世界；而环境教育则是以人类与环境的关系为核心而展开的一种教育活动过程。因二者都是由"教育"和"环境"两个要素构成的复合概念，所以它们之间有着密切的联系。概括地说，它们之间是目的和手段的关系，即教育环境优化是环境教育的目的，环境教育是教育环境优化的手段。因为教育环境的中心是"人"，环境教育的对象也是"人"，所以"人"是教育环境与环境教育的交叉点和结合点。

环境教育是 21 世纪世界基础教育的热点，作为环境教育目的之一的教育环境问题自然也是 21 世纪世界基础教育的热点。

4. 对学生进行环境教育的重要性

对小学生进行环境教育可以从多方面入手，如可以给孩子讲解环境知识，可以放环境保护录像片、资料片等。

1998 年长江发生了自 *1954* 年以来的又一次全流域性大洪水。从 *6* 月中旬起，因洞庭湖、鄱阳湖连降暴雨、大暴雨使长江流量迅速增加。受上游来水和潮汛共同影响，湖北省沿江潮位自 *6* 月 *25* 日起全线超过警戒水位。南京站高潮位 *7* 月 *6* 日达 *9.90* 米。由于沿江潮位高，内河排水受阻，形成外洪内涝的严峻局面。秦淮河东山站最高水位 *10.28* 米，居历史第三位；滁河晓桥站最高水位达 *11.29* 米，超出警戒水位 *1.79* 米。*7* 月下旬至 *9* 月中旬初，受长江上游干流连续 *7* 次洪峰及中游支流汇流叠加影响，大通站流量 *8* 月 *2* 日最大达 *82300* 立方米每秒，仅次于 *1954* 年洪峰流量，为历史第二位。南京站 *7* 月 *29* 日出现最高潮位 *10.14* 米，居历史第二位，在 *10.0* 米以上持续 *17* 天之久。镇江站 *8* 月 *24* 日出现 *8.37* 米的高潮位，仅比 *1954* 年低 *1* 厘米，居历史第三位。

98 抗洪抢险那惊心动魄的战斗录像告诉我们，人类赖以生存的空气、水和土地正遭受着严重的破坏。森林资源日益减少，土壤的过分流失沙化，给人类带来了许多灾难。我国长江流域，由于原始

植被大量丧失，因此导致了 1998 年夏天这场中雨量、高水位、大水灾的惨痛场面。

另外，据一部名叫《每分钟发生的环境灾难》的资料片告诉我们：世界上每分钟损失耕地 40 万平方米，每年损失耕地 21 万平方千米；每分钟有 4.8 万吨泥沙流入大海，每年流入大海泥沙 252 亿吨；每分钟有 85 吨污水排入江河湖海；每分钟有 28 人死于环境污染。这些资料告诉我们：保护环境刻不容缓。

好动是孩子的天性，学生在活动中最容易接受知识受到教育，因此丰富多彩的活动也是让学生进一步明确环保重要性迫切性的有效手段之一。如：布置学生收集有关环境保护方面的材料，让学生认识中国环境保护标志，了解 3 月 12 日植树节，4.22 地球日，6.5 世界环境日，知晓为了治理和保护环境，我国也制定并贯彻了《环境保护法》、《海洋环境保护法》、《大气污染防止法》等。让学生在活动中增强环保意识，丰富环保知识，从而再一次认识环境保护的重要性和迫切性和灵活性。

当今的小学生都是独生子女，聪明活泼同时也好奇调皮，凡事有个新鲜感。常常有些同学在学校甬道两旁的树下有事无事地折小杨树苗玩耍，这样无意中就破坏了珍贵的杨树苗。面对这一情况，严厉的批评只能一时奏效，解决问题的根本还需让学生了解树资源的宝贵，我们应该怎样珍惜每一棵树木，保护植物资源和大自然的环境。学生从中受到了教育，乱折小树苗的现象自然消失。

美丽的大自然是人类共同的财富，我们每一个人有享受环境美的权利，同时也有保护环境的义务。我们要带头爱护环境，作出表率。到花坛除草，成立绿色中卫士队，齐抓共管，共同爱护一草一木，给学生创设优雅的学习环境；还定时请镇环保人员给学生讲解有关知识，带领学生走出校门，走向社会宣传环保知识，让学生亲自参加环境保护劳动实践。环境教育工作已经在半年内初见成效。

总之对小学生进行环境保护教育，让他们明白：爱护地球、珍惜资源，保护环境，是功在当代利在千秋的大事。

5. 学生环保意识的教育指导

学生是明天的希望，他们是这个世界未来的主人，他们有权利了解他们赖以生存的这个唯一的地球的现状，他们有权利知道他们面临着一个怎样严峻的现实，肩头担负着一个怎样沉重的担子，他们也有责任从现在开始为他们的生存环境而奋斗，让学生参与到环保活动中来是一个势在必行的行动。对小学生进行环境保护教育到了刻不容缓的时候了。如何对小学生进行环境保护教育呢？

了解环境保护的重要性迫切性

要想对学生进行环境保护教育，首先要让学生了解环境保护教育的重要性和迫切性。根据小学生的年龄特点，长篇大论的空洞说教收效甚微，只有直观形象才能给学生留下深刻的印象。针对这一特点在教育活动中采用以下几种方法：

（1）观赏录像、图片、阅读资料。为了让学生充分了解环境保护的重要性、迫切性，变枯燥乏味的环境保护知识为直观形象，使学生乐意接受，组织学生观赏录像、图片不乏为行之有效的好方法之一。告诉学生我们人类赖以生存的空气、水和土地正遭受着严重的破坏，森林资源日益减少，土壤的过分流失沙化……给人类带来了许多灾难。让学生通过看图片，分发一些资料让学生阅读，从中了解环保知识及其重要性。

如《每分钟发生的环境灾难》：世界上每分钟损失耕地40万平方米，每年损失耕地21万平方千米；每分钟有4.8万吨泥沙流入大海，每年流入大海泥沙 252 亿吨；每分钟有 85 吨污水排入江河湖海；每分钟有 28 人死于环境污染……，让学生从这些资料的阅读中明白：保护环境刻不容缓，我们必须行动起来，保护我们的家园。

（2）开展丰富多彩的活动。好动是孩子的天性，学生在活动中最容易接受知识受到教育，因此丰富多彩的活动也是让学生进一步明确环保重要性迫切性的有效手段之一。

如：开展"地球是我家清洁靠大家"的活动，布置学生收集有关环境保护方面的材料，采用知识竞赛的方法让学生认识中国环境保护标志，了解 3 月 12 日植树节，4.22 地球日，6.5 世界环境日，知晓为了治理和保护环境，我国也制定并贯彻了《环境保护法》、《海洋环境保护法》、《大气污染防止法》等。采用三分钟演讲、作文竞赛等形式进行教育。带学生走出校门，走进社区，用实际行动为家乡的清洁工程献一份力，让学生在活动中增强环保意识，丰富环保知识。

进行环保教育有针对性灵活性

我们的教育对象是天真烂漫的小学生，而小学生具有好胜、好夸、喜欢表扬等特点，因此教师在教育时宜随机应变，灵活多样，让学生在表扬声中乐意地接受教育。

对小学生进行环保教育也要有针对性，要符合小学生的年龄特点。当今的小学生都是独生子女，聪明活泼同时也好奇调皮，凡事有个新鲜感。例如常常有些同学有事无事地去开水龙头来玩水，这样无意中就浪费了珍贵的水资源。面对这一情况，严厉的批评只能一时奏效，解决问题的根本还需让学生了解水资源的宝贵，对学生进行环境保护教育。于是我把环境保护教育有机地结合在课堂教学中。

如在学习完《只有一个地球》一文之后，先让学生谈谈学了课

10

文后的感受，懂得了什么？然后让学生展开讨论：我们应该怎样珍惜每一滴水，保护水资源和水环境。学生从讨论中受到了教育，玩水龙头的现象也自然消失了。

在环保教育中注意示范性长期性

在小学生的心目中，教师的形象是美好的、伟大的，教师在学生心目中有崇高的威望。因此在校园环境保护教育中，教师要充分利用这一优势，身先示范。看见废纸就拾，亲自动手擦洗教室门窗，打扫卫生，教师的身体力行学生都会看在眼里，这种示范性也会潜移默化的影响着学生，慢慢地他们也会积极主动地和老师一起打扫卫生。我们还应把环保教育贯穿于日常生活中，带领学生走出校门，走向社会宣传环保知识，让学生亲自参加环境保护劳动实践。

鼓励学生环境保护从我做起

了解了环保知识，激起了环保的责任心，便可引导学生采取切实可行的行动来保护环境。

首先教育学生保护环境从我做起。首先教育学生自己必须养成良好的卫生习惯，看到破坏环境的行为要勇敢地站出来制止。用自己的实际行动去感染身边的人，带动周围的人也参与到保护环境的行列中来。

其次积极开展校外活动，如：针对"白色污染"的逼近，开展"我劝妈妈用布袋"的活动，让我们的学生向父母们宣传塑料袋虽方便却增加了垃圾数量，但污染了土壤和地下水且塑料袋上百年不能自然降解这一环保知识，劝父母上街购物买菜使用布袋，菜篮不用塑料袋。再如成立"禁烟小队"，利用学生在家中"小太阳"的地位劝爸爸们禁烟。为了"小太阳"的身体健康，为了孩子的未来，烟民们爸爸定能与心爱的香烟说再见。还有如使用无磷洗衣粉、废电池不能乱扔、少用洗洁净、不用一次性木筷、少用一次性产品，诸如此类的生活琐事都可通过我们的学生，这群环保小卫士来监督执行，其效果是不可估量的。

总之对小学生进行环境保护教育，要让他们明白：爱护地球、珍惜资源，保护环境，是功在当代利及千秋的大事。我们应该从小增强环保意识，学习、宣传环保知识，自觉保持环境卫生，不做污染环境的事，爱护绿化，积极参加保护环境的公益活动。对小学生进行环保教育是我们教师不容忽视的责任。

6. 学生生态环境道德意识的培养

小学生好动、好奇，富有好胜心，接受新事物快，可塑性强。因此，对他们进行生态环境道德教育尤为重要。通过教育，让他们从小树立生态环境道德意识，提高生态环境道德认识，学会在生态道德实践中正确把握、规范自己的行为，能对他人的生态道德行为作出正确的评价和判断，学会追求善于美、批评恶与丑。

那么，如何培养低年级学生的生态环境道德意识呢？应从知、情、意、行几方面入手：

化"深奥"为"浅显"

将生态环境知识根植于学生心中。生态环境道德知识和相应的生态学知识，对于低年级的学生来说是一个非常抽象而又模糊的概念，而对学生进行生态环境道德知识的传授又是整个生态道德教育的第一环节。面对低年级学生，我们该怎样做呢？

在教学中，教师要尽量使用学生能够理解的浅显语言或者设置利于学生接受、理解的情境让他们明白生态环境的含义。可以运用形象生动、具体鲜明的图片，模拟日常生活环境或电化教学等直观手段，尽可能地为学生提供生动逼真的教学情境，吸引学生的注意力，充分调动学生多种感官参与学习活动，帮助学生理解、记忆，提高他们的学习兴趣和学习效率。学生在学习中亲自演一演、说一说、评一评，加深他们对生态环境道德的体会和认识。

多渠道多方法培养对大自然的热爱之情

在学生已经获取生态环境道德知识的基础上，培养他们对大自然的热爱之情和由此产生的对大自然的责任感、使命感及对人们生态道德行为的崇敬之情，是生态环境道德品质形成的重要因素。在教学中，教师要通过多种渠道、采用多种方法，培养学生对大自然的热爱之情。

一是学校要创设良好的环境氛围，让学生受到熏陶。让学校的每一棵绿树，每一片草地，每一个角落说话。在草地上插上"绿草茵茵，脚下留情！"禁示牌，花园里插上"爱护花草，人人有责！"的宣传牌，楼道的转弯处也设置一些环保警示语，让宣传的氛围遍及任何一个角落。

二是将环境教育渗透于学科教学之中。例如语文课对涉及描写祖国锦绣河山等课文，采用图片、录像等手段引导学生理解课文，进行情景教学，让学生感悟美、欣赏美，培养学生热爱祖国，热爱家乡的感情，唤起学生热爱环境，保护环境的意识。

三是可以通过"赞家乡"等主题班会，让学生了解家乡、走进家乡，培养他们热爱家乡、热爱大自然的感情。

运用措施增强学生责任感和使命感

在教学中，教师可以利用报刊、图片，以及媒体资源介绍生态环境遭到破坏带来的严重后果，让学生在耳目渲染中受到环境道德教育，增强他们保护生态环境的责任感和使命感。

可以用电脑向学生展示由于环境恶化使得大片金色的胡杨林变成了惨不忍睹的枯树林；惨遭杀戮的海豹在北极的冰块上痛苦的翻

滚着直到血流尽而死；遭受工业废水破坏的河流上漂浮着数千条死鱼；疯狂的泥石流、沙尘暴……这不仅使学生在短短一堂课的时间里获得了大量的信息，同时，直观、真实的画面在感观上给学生强烈的刺激，激起他们强烈的社会责任感，这有利于他们投入到保护身边环境的运动中去。

让生态环境道德落实在行动上

在学生理解保护生态环境的重要性之后，就要把热爱自然、保护生态、改善环境内化于心、转化于行。在日常生活中，我们可以让学生饲养小动物、绿化家园、绿化校园，积极参与到"保护母亲河"活动中。

只有这样，才能培养低年级学生的生态环境道德意识，才能引导他们为人类的持续发展与长远利益以应有的道德理念与实际行动去保护自然环境，维系生态平衡，自觉养成保护自然界不可再生资源可持续利用的良好习惯。

7. 学生保护生态与环境教育指导

保护生态环境，促进人类文明是构建和谐社会的重要环节。对小学生进行生态与环境启蒙教育，培养小学生热爱人类、珍惜生命、崇尚自然、保护环境的观念和意识是十分必要的。生命、环境、生态系统是小学生要了解的最基本的概念，认识和理解它们之间的的关系是教育小学生树立环境保护意识的前提。良好的教学方式和优秀的授课教师是决定小学生生态与环境教学的重要方面。

人类社会与它赖以生存的自然环境构成一个庞大的生态系统，它们在相互作用和相互影响的过程中保持着一个"伟大的平衡"。有了这个平衡，才会有生机勃勃的世界，才会有人类文明的昌盛和繁荣。因此，保护生态环境，促进人类进步是构建和谐社会的重要环节，对小学生而言是十分重要和非常必要的教育内容。小学语文教育大纲明确要求："从课文的思想内容中注意事物联系，开阔视野，增强保护自然、保护环境的意识，体会做人的道理，受到历史唯物主义、辩证唯物主义和科学思想方法的启蒙教育，提高对事物的理解能力和认识能力。"小学语文教师应以教材为基础，以科普读本为辅，结合开展丰富多彩的课外活动进行生动活泼的生态与环境教育，培养学生热爱人类、珍惜生命、崇尚自然、保护环境的意识。

小学生生态与环境教育的主要内容

（1）生命与生态环境的概念。小学生初涉人世，天真烂漫，懵懂无知，可总是有一脑门的为什么？特别是对生命与生态、人类与环境等一系列概念似懂非懂而且非常好奇。因此，教师要用生动、易懂、准确的语言循序渐进地向学生讲授生命、生态环境等概念，同时注意启发学生的联想能力，有助于加强理解与记忆。

如"生命"的概念，首先要告诉学生：生命就是活着的生物，包括人类、动物、植物和微生物。生物一旦死了就失去了生命。小学生会立即联想和发问：生物为什么会失去生命？它与环境有什么关系？这就为我们给学生讲授生物赖以生存的自然环境，如光、热、水、气；山、川、江、河；日、月、星、辰；海洋、土地、森林、草原等环境要素以及生命与环境是怎么样构成了一个生态系统等概念做了很好的铺垫。这样不仅向学生讲述了基本概念而且初步了解了它们之间的有机联系，起到良好的教学效果。

（2）人类与生态环境的关系。小学生了解了生命、环境以及生态系统的概念后，就要使他们清晰人类与环境、生命与生态相互作用、相互影响的关系。讲授这方面的知识，一定要用大量的自然现象引导小学生去理解。

　　如葵花为什么总是向着太阳；树叶为什么秋天会变红；青蛙为什么是保护庄稼的益虫；细菌是怎样侵入人体的；人为什么要呼吸新鲜空气等。通过这些常见的自然现象，讲授人与自然的关系和它们是怎样构成一个相对平衡的生态系统，以及人和自然环境各要素的相互作用和影响，使学生对生命、环境和生态有一个清晰初步的认识，从而激发他们热爱生命的感情，增加保护环境的意识。

　　（3）保护生态环境的重要意义。保护生态环境是一个系统工程，是一个大课题。而对于小学生来说则重点了解以下几点：

　　一是所有的生命都是生态系统中的组成部分，所有的动物、植物和微生物都是人类的朋友，都有对人类有利的方面。不利于人类的方面也可以转化为有利方面。如老虎和狼会对人类和家禽家畜构成威胁，但人们仍然要保护。要教育学生热爱其他生命，要使它们对人类做贡献，做人类的朋友。

　　二是地球只有一个。各种资源是有限的，如水资源、土地资源、矿产资源、石油资源都是不可再生的资源。要教育学生从小树立节约资源的意识。

　　三是各种资源不仅稀少而且在生态系统中被重复循环利用。要教育学生明白保护环境的道理，树立保护环境的意识。

　　（4）环境保护的相关法规。环境保护关系到每个人的切身利益，是一个社会问题，引起全社会的高度重视。全世界各国都立法保护环境。我们国家的相关法律法规主要有：《中华人民共和国环境保护法》、《中华人民共和国大气污染法》、《中华人民共和国水污染法》、《中华人民共和国土地法》、《中华人民共和国森林法》、《中华人民共和国草原法》等法律法规。教育学生不仅要自觉遵纪守法，而且要做好义务宣传员，为保护环境做出自己小小贡献。

小学生生态与环境教育的主要方法

（1）挖掘、深化、讲活教材。小学教材中有关生物和环境的题材大致有两类，一类是直接描述生物与环境的，如《太阳》、《沙漠之舟》、《只有一个地球》等。另一类是借助生物现象抒发情感的，如《种一片太阳花》、《三月桃花水》等。无论是哪种类型的题材，授课教师都要熟透课文、挖掘内容、深化内涵、讲活教材，使教材在原有的基础上生动地体现生态与环境的外延和内涵，让学生得到意外的收获。

（2）引导学生阅读科普读本。教师要结合授课内容因势利导，给学生推荐一些有关生物环境方面的科普小读本，如《对与错——小学生动脑科普读物》《海洋为什么是蓝的?》《拥抱科学》等，增强学生学习生物环境方面知识的浓厚兴趣。

（3）组织通俗易懂的专题讲座。教师还可以请有关方面的专家，如退休农艺师、工程师等做一些有关生物与环境方面的专题讲座，也可以组织学生开展科普读本故事会，交流学习心得，启发想象力，激发学习热情。如小学生都喜欢看电影《阿凡达》，但他们只喜欢其情节，不可能完全能理解其意义，授课教师就要不失时机地给学生讲解其意义，增加学生的理解能力。

（4）开展丰富多彩的课外活动。要根据小学生的年龄特点，一是组织他们去参观动物园、生态园、气象站，天文台等，有条件的还可以到江河边，森林旁，沙漠、草原去感受大自然的风光和力量。二是组织小学生参加植树造林活动和园林苗圃的义务劳动，在劳动中增加生物知识和环保意识。三是教学生做一些简单的科普小实验，通过实验增加有益健康的乐趣和知识。把感情的概念逐步转化成理性的认识。

小学教师生态环境教育应注意的事项

（1）授课教师本身要热爱环境保护。授课教师本身应该是一个十分热爱环保的人，他才有热情和激情去教育学生，引动学生，更重要的是通过自身行为去影响学生，身教胜于言教。

（2）授课教师要具备一定的生态环境知识。俗话说：学生一碗水老师一桶水。授课教师一定要认识学习生态环境相关知识，旁征博引，深入浅出，生动活泼地授好课。

（3）授课教师要注意收集环境保护素材。授课教师要注意收集相关资料，特别是发生在身边的或众所周知的重大事件等来丰富教课内容，使学生有真实感受和体会。

8. 学生环境教育的教学指导

环境是人类生存的基本条件，是人类赖以生存的基础。当前生态环境日趋恶劣，一次又一次给人类敲响了警钟。为了我们这一代和将来的世世代代，保护和改善人类环境，已经成为人类一项紧迫的任务。对小学生进行环境保护教育到了刻不容缓的时候了。如何对小学生进行环境教育呢？

环境教育渗透于各学科

小学环境教育针对小学生的生理和心理特点，选择适合少年儿童特点的环境教育内容和方法，寓环境教育于各科教学或娱乐之中。目的是培养少年儿童热爱环境的高尚品德和爱护环境的良好习惯。

（1）数学学科。在小学数学中，环境教育可以结合具体数学知识进行渗透。在课内可进行数据分析、统计、计算、绘制图表，进行讨论、游戏等形式，在课外可以进行实验与调查等。通过让学生进行计算，使学生自己发现一个惊人的现实：保护环境，刻不容缓。

教师因此再进行适当的教育，效果更加明显。

（2）语文学科。在语文教学中进行环境教育的形式是多种多样的，可以安排学生搜集有关环境问题的资料，就某一环境问题进行演讲、编写故事、征文、建议书等。通过形式多样的活动，把环境教育内容渗透其中，使学生在发展语文能力的同时，树立环境意识，并在生活中成为保护环境的实践者和倡导者。

如一位语文教师在教学《黄山奇石》这一课时，没有过多地提到要如何爱护我们的大自然、如何不去破坏它，而是借助多媒体手段，让学生去看、听、感受大自然的神奇！让学生在阅读过程中感受和欣赏大自然及人文景观的美丽和伟大，体验人类与环境和谐相处的美好意境。教学中他注意引导学生对文章的语言文字进行分析、理解和品评，鼓励学生围绕课文词句展开想象，有感情地朗读或复述课文等，致使学生在学完这篇课文后不禁发出"大自然太美了，我们要保护它"的感慨。学生的环保意识在此刻得以激发，学生的人文精神在此刻得以升华。

（3）科学学科。科学学科中包含着极其广泛和重要的环境教育思想和内容。通过科学课教学能激发学生热爱大自然的情感，树立保护环境从小做起，从身边做起的信念。另外可以进行动、植物的养殖，科学环境实验，环保宣传、考察等活动。

（4）思想品德学科。小学思想品德课中对学生进行环境教育主要有两个方面，即环境保护和节俭教育。根据小学生心理发展的特点及德育相关的规律，开展活动时，要做到晓之以理，动之以情，导之以行。有许多课文，如：《美化家园》、《花草树木点头笑》、《我和动物交朋友》、《我们的大地妈妈》、《美丽的生命》等都是环保教育的好材料。我们可以很好地、充分地运用这些教材，对学生进行环境教育。

（5）音乐学科。音乐是一门实践性很强的学科。绝大多数情况下，它是以活动课的方式开展教学的，这为教师开展活动提供了有利的条件。要求教师不要局限于艺术教育，应把它作为社会教育的有机部分。

（6）体育学科。在体育学科中进行环境教育，一方面要提高学生科学锻炼身体、养成良好行为习惯的能力，加强学生关于环境恶化对人类生存危机，社会发展受阻，运动形式减少等不良后果的认识；另一方面要促使学生在户外运动，野外郊游时采用一些合理的健身方式。

（7）美术学科。在美术课堂教学中，应结合环境保护教育，使学生既掌握美术方面的知识，又能学习环保方面的知识，并能培养学生参与意识。在手工制作课中，利用废物制作一些有趣的小制作：用旧饮料瓶、易拉罐、纸盒、碎布等，指导学生制作布娃娃、烟灰缸、笔筒、小汽车、火车、飞机、自行车、帆船等玩具；用旧的挂历、杂志、报纸，通过剪贴可制作风筝、装饰画、文具袋等；用碎毛线、蛋壳，涂上色彩拼各式人物、动物等。当同学们用废物制成各种各样的作品，其兴奋的心情可想而知，这对提高学生的环保意识是十分重要的。

引导学生树立环保意识

小学生年龄小，阅历浅，缺乏实践经验，如果教师在对学生进行环保教育时，只讲道理，就无法激起学生情感的共鸣。因此，教师要注意发挥学生的主体性，通过参观使学生树立环保意识。例如：教给学生环保知识，同时带学生到公园等美化环境好的地方参观，让学生体验美化环境带来的美好享受，使学生明白为什么要保护环境，然后指导学生怎样保护环境，从而提高学生的环保意识。

教师在环境保护教育中要以身为范

在小学生的心目中，教师的形象是美好的、伟大的，教师在学生心目中有崇高的威望。因此在校园环境保护教育中，教师要以身作则。我在校园中看见废纸就拾，亲自动手打扫卫生，学生就主动加入这一行列，积极打扫。我们还把环保教育贯穿于日常生活中，经常带学生到分担区打扫卫生，成立绿色小卫士队，齐抓共管，共同爱护一草一木。让学生亲自参加环境保护劳动实践……

培养学生的环保行为

环境意识提高了，就要将意识转化为环保行为，这才是进行环保教育的目的。环保教育需要通过学生的亲身体验来提高其对保护环境的能力。因此，要通过具体的环保行为影响学生。如教师可倡导学生捡废纸，给校园内的小树浇水，收集废旧物品，利用废旧物品进行模型制作……这些看似芝麻绿豆的小事，却能让学生不知不觉地增强环保的意识。

让学生参加丰富多彩的环保的活动

小学生喜欢参加活动，教师可以把环保教育精心组织设计到各种活动中，在活动中培养学生环保意识，对学生进行环保教育，这样就能收到事半功倍的效果。比如，开展"地球妈妈真烦恼"活动，布置学生收集有关环境保护方面的材料，采用知识竞赛的方法让学生认识中国环境保护标志，了解3月12日植树节，4月22日地球日，6月5日世界环境日，我国也制定并贯彻了《环境保护法》、《海洋环境保护法》、《大气污染防止法》等；开展中队主题活动"热爱地球妈妈"、"水与我们人类的关系"等，让学生在活动中增强环保意识，丰富环保知识，从而进一步认识环境保护的重要性和迫切性。

总之，对学生进行环境教育是一项任重而道远的工作，应该从小学生抓起，让他们从小就树立环保意识，让他们在美丽的环境中健康成长。要让他们明白：爱护地球、珍惜资源，保护环境，是功在当代利及千秋的大事。我们应该从小增强环保意识，学习、宣传环保知识，自觉保持环境卫生，不做污染环境的事，爱护绿化，积极参加保护环境的公益活动。

9. 环境教育要从学前儿童开始

环境保护教育要从学前儿童开始，这在幼教界已形成共识。那么如何在幼儿中开展环保教育，使之初步了解环境与人类生存发展之间的关系，萌发热爱环境的情感和保护环境的意识？

在各科教学和游戏中渗透环保教育

幼儿园不是专业学校，因此在幼儿园开展环保教育不能单独设科，更不能枯燥说教，途径之一是将环保教育渗透到各科教学中。例如在常识课中，结合"水"、"声音"等内容，让幼儿懂得干净的水和安静的环境对人体健康的意义，并教育幼儿不喝脏水，不在公共场合和家中大声喧哗。在音乐教学中，教幼儿唱《爱护小树苗》等有关环保教育内容的歌曲，并引导幼儿要像歌中所唱的那样去做。

环保教育除了在教学中进行外，还可以结合幼儿爱唱、好动、喜欢游戏的年龄特点，把环保教育灵活巧妙地渗透到游戏中。幼儿园开展游戏，游戏中需要大量的建筑材料，那么老师可与幼儿一起商讨，利用生活中无毒无害的纸盒、饮料罐、胶卷筒、纸板、酸奶杯、碎布等废物，改作游戏材料，使幼儿在游戏中懂得减少垃圾、利用废物、节省材料的意义，使环保教育自然地渗透游戏中。此外，教师还可结合环保教育的有关内容，设计和创编各类游戏，丰富教育形式，使之更适合幼儿的年龄特点。

重视环境创设与随机教育

教师通过创设环保教育情境，对幼儿进行积极感化和熏陶，培养幼儿的环保情感。现代人生活空间与大自然的距离越来越远，幼儿园、家庭都应创造条件缩短人与大自然的距离。如幼儿园活动场地尽量使用泥地而不是水泥地。充分利用沙、水这两样来自大自然的素材，开辟玩沙区、玩水区，让幼儿自由活动，以打开幼儿通往大自然的窗口。饲养动物，栽种花草树木来绿化环境。优雅、整洁、充满生机的自然环境，必能引起幼儿对大自然的兴趣，激发幼儿爱护环境的情感。

此外，日常生活中的随机教育是培养幼儿对环境保护的兴趣的重要手段。在幼儿的生活中随时随地把握机会进行环保教育，能使幼儿在轻松、愉快、自然的气氛中获得知识和满足。

提供观察和动手机会

观察是幼儿认识自然的第一步。教师通过给幼儿提供观察和动手的机会，引导幼儿认识人和自然的关系，培养幼儿关心、喜爱、爱护大自然的态度。利用废物、饮料汽水灌制作小花盆，每组种一品种、形态特征不相同的植物，让幼儿互相观察、讨论：花叫什么？为什么叶子是这样的？它有什么作用？盆底为什么要挖小洞？等等。幼儿对问题产生了兴趣后，我让他们亲手操作，把泥搓碎，把泥放进盆里，再种上选择好的植物，浇上水。当可爱的孩子愉快地欣赏自己的劳动作品时，经常会感叹地说："现在我们这里真美丽，空气多清新。"此后，他们便有了一种习惯，每天早晚各给植物浇一次水。

要进行判断、评价和讨论

教师根据环保教育要求，针对自然界、社会生活中的一些现象或行为，组织幼儿开展讨论，予以褒贬判断，帮助幼儿了解自然法则，明辨是非，树立正确的环保意识，为塑造良好的环保行为打下坚实的基础。

　　教师首先注意对幼儿进行有目的、有计划的教育，启发幼儿思考讨论：如何保护优美的环境？教师可引导幼儿讨论周围的环境污染是怎么产生的？有什么危害？如何解决？它和人类食物中毒有什么关系？经过讨论使幼儿认识到工厂等场所排放的有害污染物进入环境后，可能直接或间接污染食物。教师要注意随机引导幼儿自由讨论，得出结论，使幼儿进一步萌生爱护之心，切身体会到生命与万物之间的关系。

重视榜样示范

　　榜样对幼儿的环保教育起着启动、控制、调整、矫正的作用。幼儿期儿童的社会性学习具有模仿性强和易受暗示的特点，教师的一言一行对于幼儿来说是一种直接的、重要的影响，它更突出地表现为一种潜移默化的形式，往往教师喜爱的也就是幼儿喜爱的。

　　因此，教师应以成人良好的环保意识和行为影响幼儿，教育幼儿。在引导幼儿进行各种认识活动时，教师应尽可能了解和满足他们的好奇心理，对幼儿能注意的东西倾注同样的关注，和他们玩，让他们问，有时还可以反问他们，引起他们注意。更多的时候是能和他们一起玩、一起看，共同讨论和思考，以充满喜爱的情绪去感染幼儿，以好奇的神情、生动的语言、活泼的形式引导幼儿进行活动。这样才能更好地培养幼儿热爱大自然的情感和积极保护生活环境的意识。

10. 培养学生环境保护习惯的方法

　　未成年人的健康成长是我们的责任，如何培养学生的责任感，我们认为这是个崭新的、赋有时代意义的课题。因此从我校的实际出发，从环境道德观点出发，引导少年儿童自觉养成爱护自然环境和生态系统的保护意识和相应的道德文明习惯，同时促进学校教育的发展，为学生终身发展奠基。

在实施过程中，我们以共青团活动为依托，坚持传统教育和现代教育相结合，开展系列化的"寓教于学"、"寓教于乐"的专题活动。通过在各种活动、情境中的体验，促发学生的体悟，并通过改善校园环境，建设校园文化。引导学生参与自己生活、学习环境的设计和美化过程，让学生在亲身实践中不断矫正自己的言行，促进健康人格的形成，增强其社会责任感。

首先，校内、校外做好宣传，将学校教育与家庭教育相结合。"习惯真是一种顽强而巨大的力量，它可以主宰人的一生"，而这一观点要得到学生的认同，首先要得到社会，尤其是家长的认同。于是我们利用各种机会，借助校报、网站、家长会、家教讲座等各种场合，向我们接触的每一个人宣传学校的德育理念成了我们开展德育工作的一个重要战略。而家长们，在饭桌旁、床头边，又将之转送给了学生，家长们喜欢对孩子们说的一句话常常是："有好习惯比什么都重要。"所以每年新生入学以后，清洁、自立等很容易成为学生的自觉行为。因为有了认同的基础，学生们的成长更变得顺畅自然。这样，既激发了学生参与环保实践的积极性，又"盘活"了家长，把家庭转化成了德育教育的新资源，为我校学生良好的习惯养成注入了一股新的力量。

其次，以实践活动展示学生良好的环境保护习惯，矫正不良习惯，增强社会责任感。"你要教你的孩子走路，但是应由孩子自己去学走路。"美国著名教育家爱默生的这句话给我们以很大的启迪。于是，教师淡化参与、重在引导与关注，而让学生们登上环保实践的舞台。在有意和无意间，学生们通过自主寻找、自主选择、自主实践的磨练，激发了潜能，增强了责任心，环保习惯也由他律逐渐变为自律。每周提出一个小小的目标，让学生自觉约束自己，尝试着做好。在掀起各种实践活动热潮的同时，学校还开展"环保黑板报大赛""环保征文比赛""环保绘画大赛"等展示活动，让学生有机会表达自己对"环保"的认识，有机会公开对自己进步的记录。

在这一系列自主活动中，孩子们每天都会有一点进步，他们在体会到了劳动的辛苦、劳动的快乐的同时，爱护环境、珍惜劳动成果的责任感也油然而生。于是，他们就会认真的、自觉的去践行"我是文明好学生，请向我看齐"的承诺。

你会发现：我们的学生变了，我们的校园变了，我们的学校也变了。学生们似乎更懂事了，更好教了；校园也一天比一天干净了。我们可以看出学生的卫生习惯和环保意识都在逐年提高，学校的环境卫生得到了很大的改善，特别是学生的集体责任意识也在逐渐增强。但同时，我们要花更多的气力让培养的习惯与现实生活结合起来，让习惯培养生活化，而不是"在学校一个样，出了校门一个样"。从另一方面来看，社会上所有人的素质的提高直接影响学生的成长，沐浴在净化的大环境中，学生在其中熏陶、感染才可能逐步养成美德。我们真诚的希望每个人都行动起来，人人参与创建绿色家园。

11. 多学科渗透环境教育的方法

学科课堂是学校教育的主阵地，在环保教育中这块主阵地的作用同样不可或缺。我们要重视课堂教学方式方法的创新，在学科教学的过程中积极挖掘教材内容，有机渗透环境教育，让学生幼小的生命在学科课堂学习中浸染绿色。把《环境教育》列为课程的同时，要求相关学科加强教材中环保内容的教学研究，提高课堂教学质量，使学生切实掌握内容。在考试的试题中要有一定比例是有关环境教育的内容，同时组织好环境保护活动。

语文、社会、思品渗透环境教育

三门学科结合教材，要求完成环境教育内容，列入教研组工作计划，有单独教案，使学生认识保护我们的生存环境，理解人与自然的关系，树立良好的环境意识。每月一次集体备课，每个教师每学期上一节环境教育课。

在语文学科中要通过名人、名言、名篇，对学生进行环境保护意识的情景教育，对一些典型课文中的环保科学知识有侧重地讲解。语文课不能只满足于进行语言训练，还要注意培养学生热爱自然、保护自然的高尚情操。比如讲《绿色的卫兵》一课，教师不仅讲出课文的语言美与风光美，还使学生懂得它在生态中保护沙土流失、减缓风速的作用。

又如通过《水的脾气》教学，让学生认识到人为的破坏环境，将给自身的生存带来严重的威胁，而地球如被破坏了，人类将别无去处。所以我们必须精心保护地球，保护地球的生态环境。

课后，还安排学生开小小讨论会，让他们互相交流体会、感受：在日常生活中应怎样保护地球的生态环境？对那些破坏地球生态环境的现象我们应该怎样对待？这样，既有利于学生理解语言，掌握语言，运用语言，学习表达，又有利于增强学生的环保意识。

品德与生活课要在爱护家乡、学校一草一木，净化、绿化、美化学校的环境，培养学生良好卫生习惯方面进行教育，侧重培养学生环保的社会意识、道德意识。

社会学科要通过学习，让学生了解人类社会与环境相互作用的关系。特别是近代，人类利用自然和改造自然的能力大大加强，环境问题随之出现并日益恶化。随着科技的进步和经济的发展，使工业文明的进程成为一个过渡利用资源使之趋于枯竭、环境污染、生态失衡，以及人口爆炸等的过程，从中培养学生正确的环境价值观。

又如《积极参加公益活动》、《节约水电》、《做一个有责任心的人》等都是环保教育的好材料。学校教师善于挖掘教材资源，充分发挥多媒体手段辅助教学的优势，充分发挥学生的主体参与意识，科学巧妙地把握教学契机，让学生在轻松愉快的气氛中受到环保教育。

如《节约水电》一课，教学时教师通过形象的录像资料，使学生知道水是人类生存的基本条件。为了增强说服力，帮助学生知道节约水资源的重要性，教师还播放了一段北方因干旱给生活、生产带来严重后果的一组镜头。课后布置学生以小组或个人的名义写一份节约资源、保护环境的倡议书；出版一期墙报，扩大宣传面，让全校同学行动起来，为保护和改善环境出一份力。从课内延伸到课外，强化了学生的环保意识。

开展综合实践活动，渗透环境教育

为培养学生从小树立热爱环境、保护环境、与自然和谐共处的绿色文明意识，认真组织综合实践活动。语文学科开展《人与环境》实践活动，把收集的资料通过小报形式反映出来。

品德与生活和社会学科结合课本，开展宣传环保、环保法律法规活动。活动内容和过程是观察本地的环境状况，课外查找、收集环境问题的有关材料，归纳出危害性；查阅相关资料分析其成因；针对本地区存在的环境问题，向有关部门提出合理建议和可行性治理措施。

自然学科开展"蚕桑文化"实践活动，通过饲养蚕宝宝培养学生热爱生态，热爱小生命的情感。

开展研究性学习，渗透环境教育

语文学科开展研究学习，学生收集"我喜爱的动物"，从中使学生感觉爱护动物、热爱生命、培养能力。

数学教学渗透环境教育

数学学科要认真贯彻学校环保教育计划，明确数学学科在环保教育中的意义与作用。在数学课程中有机渗透环保意识的教育，充分利用学校及学校周围社区的自然环境、社会环境，让学生们对环境问题进行多种角度的参与和实践，并利用所学的知识与技能解决实际生活中的问题，使学生们积极、轻松、自然地接受环境教育并变为自觉的行动。让学生初步了解在小学数学教材中涉及到的环境科学知识，了解当前重要的环境问题，树立保护和改善环境的意识，培养学生的环境道德观，把环境道德教育作为思想品德教育的一个重要方面。并发展学生的环保技能，发展学生运用所学的数学知识和方法解决环境问题的能力，培养学生的批判性思维，建立科学的世界观和可持续发展的思想。其在各年段的实施措施如下：

（1）一、二年级侧重于简单的、初步的环境知识。如通过对图形、物体、动物的认识以及对有关环境的简单应用题学习，并适时开展游戏与实践活动（如《游览美丽的海滨》一课等），让学生体验环境的美，培养学生爱护环境的意识。

（2）三、四年级侧重于了解或理解基本的学科知识，学会或掌握一定的基本技能，并能用它们解释常见的自然现象，解决一些实际问题。

如通过考察自然和人工环境中的物体来学习几何中的一些概念和掌握简单的数据整理、统计与运算的技能，从而认识数学与环境的密切联系；通过对亿以内数的学习，使学生了解我国人口状况；

开展如"可怕的白色污染"之类的调查实践活动，增强学生的危机感、紧迫感与责任感。通过有关环境方面应用题的教学，让学生解决相关的实际问题。

（3）五、六年级侧重于培养学生的环境意识、环境态度、环境价值观以及运用数学知识解决环境问题的方法和技能。同时进一步扩大和加深思想教育范围，使学生受到国情教育。

如通过统计材料可以反映我国资源虽然比较丰富，但人口众多，人均资源少，从而可以提高学生对合理开发利用和保护资源的认识；通过对《百分数的认识》一节的学习，让学生知道中国人民用占世界耕地面积7%的土地，养活了世界上22%的人口，使学生受到国情教育、人口教育；根据第十册教材内容，通过让学生在一个路口统计10分钟内各种机动车辆通过的数量，一方面使学生对交通状况有所了解，另一方面使学生联想到汽车尾气造成的污染，提高学生对数学知识与实际生活相联系的认识。

自然科学教学渗透环境教育

科学、自然学科就是培养学生注重对与自然环境相关的事物的探究，保持和发展对周围世界的好奇心与求知欲，形成大胆想象、尊重证据、敢于创新的科学态度和爱科学、爱家乡、爱祖国的情感；亲近自然、欣赏自然、珍爱生命，积极参与资源和环境保护，关心科技的新发展。其中，有很多课文内容就是和环境有关系的。

例如三年级学习《水》这一单元，使学生明白水净化的重要性，教育学生要从小养成保护水资源的习惯。学习《纸》这一单元，教师就抓住切入点，让学生算这样一笔账：如果浪费一吨纸，生产这一吨纸要消耗多少木材，这些木材成长需多少年，它有多大的生态效益？纸厂生产一吨纸，工人要花多少劳动，要向河里倾泻多少废水，这些废水对生态造成多大危害？算清了这笔账，学生不仅会养成爱惜纸张的习惯，而且受到一次生动的环保教育，对于影响生态环境的复杂的制约因素有一个辨证的认识。由此还可以对其他生态问题举一反三，收益将是多方面的。

此外，科学自然教研组的老师紧扣环境保护这一主题，开展了一系列的"科学小博士"的比赛。通过比赛，使学生更好的意识到保护环境的重要性。

艺术学科渗透环境教育

培养学生从艺术角度考察和理解环境。一方面通过对艺术作品的欣赏、听唱、评述，引导和启发学生对艺术所反映的主题产生一种情感体验，另一方面，通过作品本身的艺术感染力促使学生对周围环境和大自然产生一种积极的情感体验，激发学生热爱大自然，从而最终积极参与环境问题的解决。

美术课则通过"观察与感受——素描与速写"达到环境教育渗透的目的。陶艺课上使用绿色的生态泥，并且引导学生发挥想象力制作一些和环境保护有密切联系的作品。老师还组织学生画一些有关保护环境的漫画和宣传画，在学校里进行展览。

信息技术学科渗透学科教学

信息技术课不仅仅要成为学生掌握信息与传播知识的一门学科，而且要有助于他们更好地掌握环境知识，提高环境意识，促进学生们的环境素质的发展，最终促进环境的改善与保护。在信息技术课上，通过教会学生使用因特网，让学生能更好的在网络上寻找一些有关环境保护的知识进行学习，也为其他的学科渗透环境教育打好了坚实的基础。有些学生有绿色作品，他们就会自己上传到网上，使更多的同学看到，了解到。

英语学科渗透环境教育

在英语教学中，每一课都有一个完整的意境。教师可以借助意境对学生进行德育教育。在英语教学中，每一节课，教师都可以画出图，每一单元都配备一幅挂图，在利用这些图传授知识的同时，也可以进行环保渗透。英语是一种语言，是活的东西，学英语离不开说，在说中教者也要加强对学生的环保渗透。

如在学习中，我们就一些词的演变，向学生讲述"一切事物都是在不断变化的"这一辩证唯物主义观点。又如在学生 sun、earth、moon 等词后，师可问"Do you like it？Why？"

12. 在教学中培养学生的环境道德观念

保护和改善生态环境，实现可持续发展，关系到人类的生存和发展。环境保护，教育为本，学校教育是实施环境教育的主渠道。

中学生虽然对环境和环境保护工作有了一定的认识和理解，但碰到具体环境行为时，往往是"只有心动，没有行动"，不能真正做到知行统一。究其原因，主要是因为我国当前中小学开展的环境教育多集中在环境知识教育和环境危机教育上，缺乏必要、深入和系统的环境道德教育引导，因而对学生的教育实效是十分有限的。学校的德育只在课堂上传授，缺乏与内容相关的具体情境，学生没有情感体验，就无法对讲述的内容产生触动，更不会将学到的知识升华为自己的理想信念，支配自己的道德行为。要使环境教育富有成效，需要引导学生走进生活、走进社会。

（1）开展研究性学习，培养中学生环境道德，符合道德教育的一般规律。

道德认知理论把人的道德形成过程分为4个阶段：道德认知、道德情感、道德意志和道德行为。如何把认知通过情感上升到意志，落实到行动上，最有效的途径是实践。正是基于此，可以采用研究性学习方式对学生进行环境教育，让学生走出校门，走向社会，在活动中去体验、去感受。组织学生到水泥厂、砖瓦厂、膨润土厂、活性炭厂附近实地考察，测定附近河水的酸碱度。当同学们看到污浊的河水、工厂上空滚滚浓烟和排出的污水，看到厂子周围树木枯黄，公路上厚厚的尘埃，会深深体会到环境污染问题的严重性，意识到每个人身上肩负的责任。有的学生在日记中写到："看到冰溪河的污染情况，不禁使人十分担心，难道玉山的母亲河就这样被蹂躏吗？每一个有责任感的人都会为此不安。我们年轻人更有责任从点点滴滴做起，从日常小事做起，为努力改善环境尽自己的一份力量"。

为此，同学们在全校师生中发起倡议，要求保护环境从自身做起、从小事做起。如不能随地吐痰、不乱丢垃圾、随时关灯和水龙头、节约使用练习本、拒绝使用一次性用品等。实践不仅加深了学生对环境问题的认识，而且在具体的情境里唤起学生热爱家园、爱护环境的情感，激发学生关心和爱护环境的社会责任感，并把对环境的责任落实到行动上，达到知、情、意、行的统一。

（2）开展研究性学习，培养中学生环境道德，符合中学生的心理特征。

中学生具有特定心理特征，他们逻辑思维的辩证性有了很大发展，对比较复杂的问题会要求自己从理论上加以分析和概括，还会要求自己把学到的一些理论知识应用于实际。他们不满足于接受现成的结论，而希望有机会让他们独立地观察、分析，并愿意花较多时间和精力去阅读资料、调查研究，以证明自己观点的正确性。

例如"关爱地球，拒绝一次性用品"的课题组成员，他们以小组为单位通过问卷调查了解家庭、社区、餐馆、学校食堂及同学对一次性用品的使用情况，通过实验法了解塑料制品的降解情况和对环境的巨大破坏。学生们自己寻找事情的原因，自己去探究解决的方法。通过这些亲历性的活动，使学生在探究中认识到生态环境保护的重要性以及与自身利益的关联性，并意识到环境保护不仅是国家、企业的行为，而且每个人的生活行为习惯都会影响到环境的改善。

在环境教育中，采用研究性学习的形式，不仅可以使学生获得一定的环境科学知识和技能，同时能使学生通过亲身发现环境问题诸要素的内在因果关系，产生解决问题的积极主动的动机及良好技能，增强对身边环境的关注和保护环境的责任感。

（3）开展研究性学习，培养中学生环境道德，符合中学新课程改革和素质教育的客观要求。

研究性学习发挥了学生作为认识主体的能动作用，摆脱了以教师为中心的传统教学模式，有利于提高学生独立思考的能力，从而发展学生的实践能力和创新精神，培养了科学态度和科学道德，全面提高学生素质。在课题研究中，老师几乎不给任何框框，每一步都让学生自己走，从制定研究计划到问卷设计、外出调查、资料整理、撰写论文，都是学生边思考、边实践。

自从参加环境道德研究活动以来，同学们学到了许多课本上学不到的知识。在活动中，他们进行了垃圾分类、环保漫画、绿色希望工程等宣传活动及校外的环保考察和交流活动，逐渐改变了同学们对环保的态度，从环保的门外汉变成了热心的环保小卫士。多次的环保讲座、实践，使学生了解了酸雨的成因，了解了农药污染，更了解了冰溪河的昨天、今天与明天。

13. 采用多种手法教育学生爱护环境

让学生了解环境保护的重要性、迫切性

要想对学生进行环境保护教育，首先要让学生产生保护环境的意识。这是最基本和最关键的一步，只有让学生了解人类生存环境的现状，知道环境保护教育的重要性和迫切性，才能从心理上产生保护环境的意识。

为达到这一目的，就要根据小学生的年龄特点，以直观生动的形象让学生了解当前环境问题的严重性，变枯燥乏味的环境保护知识为直观形象，使学生乐意接受。组织学生观赏录像、图片就是一个行之有效的好方法。我们可以搜集一些人类破坏环境的图片，如工厂的烟囱冒黑烟、小河面上浮满垃圾、被砍伐的森林等，告诉学生人类赖以生存的空气、水和土地正遭受着严重的破坏，森林资源日益减少，土壤的过分流失沙化……给人类带来了许多灾难。

还要让学生自己去收集人类破坏环境的图片、文字资料和自己身边的事例等，集中起来在班中展示。学生对自己寻找到的资料往往更加相信，印象更加深刻。教师还可以结合图片、录像等分发一些资料让学生阅读，从中了解环保知识及其重要性。如《每分钟发生的环境灾难》：世界上每分钟损失耕地 40 万平方米，每年损失耕地 21 万平方千米；每分钟有 4.8 万吨泥沙流入大海，每年流入大海泥沙 252 亿吨；每分钟有 85 吨污水排入江河湖海；每分钟有 28 人死于环境污染。通过不断的了解和认识，学生就会渐渐产生这样的意识——保护环境，刻不容缓。

利用课堂，教育学生保护环境

课堂是教育的阵地，我们应该充分利用这个阵地，在学科教学中对学生渗透环境保护意识。晨会课、班队课、思想品德课以及我们的语文、数学等课上都可以利用教材进行环境保护教育。

我们语文书上有许多课文或描述大自然的奇妙风光，或抒发热爱大自然的情怀，也有一些讲述因不受到保护而消失的自然景观的故事，很多还配有插图，我们可以用这些优美的插图和文字熏陶学生，让他们产生热爱大自然的情感，并引导他们保护我们的生存环境。如小学二年级语文第一学期课本中课文《我真希望》《清清的小溪》等，就非常适合开展环保教育。我备课的时候就特别注意环保教育的渗透，把它上成一节环保教育课，让学生在学到知识的同时也认识到环保的重要性。

课堂进行环境教育并不要占太多时间，一节课只需渗透几分钟，以至两三句话，日积月累就能收到滴水穿石之功。只是如何巧妙"渗透"，费时在备课，需要细水长流。我们老师要见缝插针，利用一切条件，对学生进行环境保护教育。

开展活动，提倡"保护环境，从我做起"

多开展以环保为主题的专题活动，也是增强学生"保护环境，从我做起"意识的一个十分有效的方法。

比如，让学生自编以"保护环境"为主体的手抄报。学生可以自己搜集并整理一些人类保护环境、破坏环境的做法、故事等；可以自己创作抨击人类破坏环境的行为、展望环境治理光明前景的文章、漫画等。学生在搜集资料、写文画图的过程中，心灵会受到震撼。当孩子们将自己的手抄报展示出来时，在相互交流的过程中，他们学到的环境知识将得到扩展、补充，环保意识得到增强。

制定小学生环境保护行为规范

学校要制定小学生环境保护行为规范条例，做好环保宣传工作，在学校的宣传阵地和当眼处张贴标语，让学生时时不忘环境的保护，养成环保的习惯。

（1）从小学习环保知识，增强环保意识，树立环保品德，形成良好的环保行为习惯。

（2）节约用水，随时关紧水龙头，别让水长流，提倡一水多用。

（3）节约用电，随手关灯，节省一度电，减少一份污染。

（4）珍惜纸张，就是珍惜森林与河水。提倡重复使用练习本，拒绝接受随处散发的无用宣传品。

（5）珍惜粮食，尊重农民的劳动，珍惜我国有限的耕地。

（6）积极参加植树造林活动，爱护桌椅门窗，保护有限资源。

（7）拒绝使用一次性物品，主动捡拾果皮纸屑，减少垃圾灾难。提倡垃圾分类袋装，集中堆放，防止再次污染。

（8）控制噪音污染，做到轻声、轻步、轻拿、轻放、轻开、轻关。

（9）关心大气质量，负起监测和维护洁净空气的义务。

（10）爱护鸟类，保护野生动物，拒食野生动物，保护脆弱的生物链。

环境是人类赖以生存和发展的客观条件。环境的优劣，关系到人类生活质量的高低。保护环境，教育为本。我们要从自身做起，从教育孩子做起，使我们的生存环境得到保护和改善。

14. 思想政治课中的环境保护教育指导

地球是人类共同的家园，"环境问题"关系到人类未来的命运。每一个公民都应具有环境保护的意识。初中学生正是培养环保意识的关键时期，环境教育应重点从未成年人抓起。初中思想政治课作为对学生进行思想道德教育的重要环节，突出环境保护教育更具有影响力和教育作用。

（1）结合教学内容，培养学生形成保护环境的人格

①通过初一的心理品德教育，培养学生集体主义观念，让学生明白爱清洁、讲卫生、爱护公物、爱护学校的花草树木也是爱集体，做主人的一种表现。使学生在思想上认识到环保的重要性，从而形成良好的个人习惯。

②通过初二的法制教育，培养学生的环境法制观念，使学生通过所观所感认识到滥砍滥伐、乱排废气废水等，对环境的影响及由此承担的法律责任。这样既可在学生思想上形成保护环境的观念又可落实到具体行动上，使学生能自觉同破坏环境的行为作斗争。

③通过初三的国情教育，培养学生的忧患意识，让学生通过对初级阶段国情的了解，明确我国改革开放以来的大好形势，同时认识到我们面临严峻的环境问题。环境问题的实质是人的问题，而要做到人口、资源、环境的可持续发展就要从自己做起，从现在做起。

（2）畅通主渠道，在教学中渗透环境教育

①在教学过程中积极挖掘环境教育因素，结合本学科教学内容对学生进行环境教育。凡教材中涉及人口、资源、城市、土地、古迹等蕴含环境教育的因素，都要结合课堂教学进行环境教育，激发学生热爱自然，热爱环境的情感。结合教材相关知识挖掘本地所蕴含的环境教育因素，引导学生研究环保方面的课题。

②改进教学方法，做到有机、有理，提高环境教育的实效。注意学生的身心发展规律，在渗透环保知识教学时，以培养理性的分析和认识能力为主，逐步使他们掌握一些解决环境问题的技能和方法。注意科学性，避免为环境教育而进行环境教育，导致教育内容的随意性和牵强附会。注意处理好渗透环境教育与学科教学目标达成的关系，不主次颠倒，注意课内外结合，在学科教学中渗透环境

教育的同时，适当把教育向课外延伸，做到"渗于课内，寓于课外"。如：课内渗透了防治噪声的内容，课外就可要求学生对市区的噪声进行调查，并撰写出调查报告，向有关部门提出，引起有关部门的关注。

（3）开展课外活动和实践活动，寓环境教育于活动之中。

①专题讲座。可开设"保护我们的生命之源——水""通化水资源状况及对策"等活动课专题讲座，主讲者以本校政治教师为主也可聘请一些学生家长。

②参观调查。组织学生进行社会性参观调查，并要求学生撰写相关调查报告。在组织学生开展研究性学习过程中，引导学生运用调查研究的方法，了解环境的现状和解决问题的方法，接受生动的教育。

③纪念活动。每年的 3 月 12 日是我国的植树节，3 月 22 日是世界水日，4 月 22 日是地球日……这些纪念日都与环境保护这一教育主题有密切的关系。利用这些纪念日的教育作用，活动课中组织学生配合社会开展一定的活动，如：演讲、板报、手抄报等向群众宣传环保知识，可使学生在教育他人的同时教育自己，也可强化对课本中环保知识的理解。

④模拟场景。活动课中通过模拟角色扮演来培养学生的环境意识和实际运用能力和解决问题能力。如：学生扮演原告、被告和律师，围绕"池塘被污染"的事件进行庭审等。

⑤征文比赛。学习完环境保护内容后，组织学生进行环保方面的征文，如："我看保护环境零点行动"、"环境保护与我"等，可进一步提高学生保护环境的自觉性。

（4）政治课教师与班主任配合，将环境教育与行为规范教育相结合，引导学生养成良好的行为习惯。

①严格训练。无论是在课堂教学中，还是在学校活动中对学生的行为习惯提出明确的要求，包括学生在爱护环境、卫生习惯等方面应养成的习惯。

②环境熏陶。利用活动课结合学科中的知识让学生动手制作各种标语牌，加强校园文化环境建设，如："请手下留情，爱护一花一草"、"爱护花草树木，就是爱护我们人类"等，警示学生要学会做人，学会爱护环境。

③师德垂范。"学高为师，身正为范"，在环境教育中，思想政治课教师要以身作则，以高尚的爱护环境的行为在学生中树立威信，深刻认识身教重于言教的真谛，给学生树立榜样。

15. 语文教学中渗透环境教育

进入 21 世纪，环境恶化问题已成为人类发展的最大障碍。水资源严重枯竭、土壤沙漠化、臭氧层空洞扩大、旱涝灾害加剧、物种减少……这些已时刻威胁着全人类的生存。面对这全球性的环境危机，人们开始惊呼："人类正在失去自己的家园。"尽管如此，人们的环保意识仍相当淡薄：一次性筷子仍大行其道、铺天盖地的白色污染仍有增无减、水电资源的浪费触目惊心，更不用说滚滚的黑烟遮蔽了蓝天，含有多种有害物质的工业废水污染了有限的可饮用水源……所以，环境保护迫在眉睫，环保教育则成了新世纪教育的走向。

当今青少年学生是 21 世纪环境建设的生力军，让学生从小懂得环保的极端重要性，牢固树立环保意识，自觉担负起环保的重任，意义十分重大。但目前学校没有单独开设环境保护课程，所以，学科渗透是环保教育的重要途径。特别是在语文教学活动中若能适时、恰当地渗入环保教育，将收到语文教学与环保教育相得益彰之效。

从教材中挖掘环保资源

小学语文教材中，有着丰富而广泛的环保教育资源。以苏教版教材为例，中高年级课本中就有几十篇课文直接或间接地涉及到环保主题。如正面揭示的有：《走，我们去植树》、《春光染绿我们双脚》、《沙漠中的绿洲》、《海洋——21 世纪的希望》等，这些文章明眼人一看就可信手拈来，直接将教材内容与环保教育"挂上钩"，有的放矢地对学生进行环保意识的培养和环保知识的教育，根本没有画蛇添足之嫌。

而有些教学素材是隐性的，蕴含在课文中的环保内容有如地下的宝藏，有待于教师深入挖掘。如《特殊的葬礼》、《天鹅的故事》、《生命桥》等，都蕴含了很多环保方面的因素。除了这些"课本资源"外，无处不在的社会资源和生活资源，以及课堂上经常出现的"生成资源"，也为我们进行环境教育提供了丰富的素材。

所以，在教学过程中，教师必须深入理解编者的编排意图，深刻挖掘环保教育因素，有意识地把语文教学和环境教育有机地结合起来，春雨润物般地在传授语文知识的同时对学生进行环保意识的渗透，使学生尽可能地从书本、课堂教学的主渠道获得环境保护的知识，从而自觉地维护生态环境。

在课堂内体现环保教育

语文课堂是融入环保教育的主阵地，但这并不意味着一节课四十分钟的时间都时时刻刻谈"环保"，这样可能会适得其反。其实，课堂进行环境教育并不要占太多时间，一节课只需渗透几分钟，以至两三句话，日积月累就能收到滴水穿石之功。只是如何巧妙"渗透"费时在备课，需要细水长流。

（1）巧用插图，唤起环保意识。插图是刺激学生多方面感觉的有利资源，教师应活用插图，引导学生用"心"去观察、去联想。例如利用《九寨沟》的插图进行多媒体教学，引导学生观察高耸入云的雪峰、色彩斑斓的大小湖泊、古木参天的原始森林、高低错落的平湖瀑布。当学生初步形成印象之后，美丽的插图在学生中所唤起的感觉，会产生一种愉悦之情，这种审美体验，慢慢地沉淀为有益的营养，继而使其产生保护美丽大自然的愿望。

此时，教师适时引导学生：在地球上，除了九寨沟的美景外，还有广袤的草原、浩瀚的森林，还有沟壑纵横的田野、熙熙攘攘的城镇、马达轰鸣的工厂和矿山……他们会由衷地感叹：古老、慈爱的地球，像母亲一样养育了千万种生命，她宽容、忍耐，为人类无私地奉献了一切。既然人类的生活离不开自然环境，那么，我们应该从小做起，从自己身边事做起，爱护环境，美化环境，做一名环境保护的小卫士。

（2）激发环保危机感和责任感。在语文教学中，教师除了可以对学生进行正面环境教育外，还可通过对比，使学生产生环保危机感，增强环保责任感和使命感，从而自觉地维护生态环境。

如在教学《特殊的葬礼》时，教师打破教材的顺序，引导学生将大瀑布的昨天和今天放在一起交流。在谈瀑布"雄伟壮观"时，随着学生的介绍，大家可以一起欣赏昔日雄伟的大瀑布。在此教师设计角色体验："如果你就是一名游客，看着眼前的美景，你会怎样赞美它？"；在谈瀑布"逐渐枯竭"时，我们可以观看图片，然后又一次进行角色体验："如果，你就是一位慕名而来的游客，看到这样的瀑布，会说什么呢？"

这样通过文本内容的对比、图片的对比、音乐的对比，就使学生在心理上产生了强烈的感觉落差，让学生更深刻地体会到瀑布消失的那种惋惜之情，而且这都是人类一手造成的。"如果我们人类再

42

不反思再不收手，消失的仅仅是一条大瀑布吗?"以这样一个引人深思的问题牵引学生进入拓展环节的学习。学生打开网页观看"环保资料"，这些例子和画面都强烈地冲击着学生的视觉、听觉，使学生的心灵和情感都产生了强烈的震撼。此时，学生的情感已不再是对塞特凯达斯瀑布的悲痛，而是升华到关心整个人类的未来和命运，并产生了要保护环境的强烈责任感和紧迫感。

（3）增强环保的愿望。在语文教学中，凭借重点语句的分析、朗读把学生引入优美的景色之中，激活学生的想象，将语言文字所描述的内容转化为具体、鲜明、生动的画面，显现在学生的脑海里，使学生如闻其声、如临其境，从而受到形象的感染，激起情感的共鸣，不知不觉地在自己幼小的心灵中播下热爱大自然的种子。

如学习《九寨沟》、《沙漠中的绿洲》、《美丽的丹顶鹤》、《白鹭》、《春光染绿我们双脚》等课文时，通过分析、朗读课文中的重点语句，特别是有感情地朗读，能与文章产生共鸣，能陶冶学生思想情操，还能收到良好的环保教育效果。所以在教学时，要指导学生欣赏描写美丽大自然的优美语句，并用赞美和喜爱的语气读出自己对大自然、对祖国壮丽山河的热爱之情，同时唤起学生对大自然、对祖国的热爱，进而增强他们保护好生态环境和自然资源的美好愿望。

在课堂外强化环保意识

对学生进行环境教育，除了在课堂上精于渗透外，教师还应该抓住时机，由课内延伸到课外，结合课文内容开展一些环保小活动，以促进环境意识的增强。

如在《美丽的丹顶鹤》的课外实践活动中，我们可以请学生查查资料，看看我国还有哪些珍稀动物，它们有什么特点。学生可以找图片，也可以摘抄有关文字介绍，然后在班级中举行一次"珍稀动物展"。学生通过各种图片和资料，知道了我国还有大熊猫、扬子鳄、东北虎等珍稀动物，了解了它们的生活习性，感受到我们人类决不能随意地捕猎它们，必须给予它们良好的生存环境，要不然，这些珍稀动物，乃至其他的有益动物，最终将从地球上消失。看，学生在这样的课外实践活动中，获得了多少丰富的环保知识啊！

16. 英语学科中学生爱护环境教育指导

环境问题是当今世界各国所面临的重大问题，全球性的资源和环境危机，直接威胁人类的生存和发展。保护环境，实现环境的"可持续发展"，成为当今人类的历史使命。英语作为一种语言，在学科教学过程中，教师除了培养学生运用语言进行人际交往的同时对学生渗透环境教育，培养学生的环保意识可以说迫在眉睫。这样可以让学生学习语言的同时还可以使学生认识和了解我们赖以生存的世界，从而培养学生对大自然的热爱。

从我们现行广州版的小学英语教材《Success With English》所涉及的教学内容来看，只要我们留意观测，有很多的教学内容中都蕴含着环境教育的素材。作为英语教师的我们，只要适当地挖掘和延伸教材中含有的环境信息，巧妙结合英语教学与环境教育，使二者在英语课堂中互为依托，互取所长，各自发挥其优点，这样一来既达到英语教学的目的又激发了学生保护环境，改造环境的意愿。在英语教学中渗透环境教育，可以从下面的一些途径来进行：

课堂教学中培养学生爱护环境情感

广州版的小学英语教材《Success With English》所选的教学内容包含了很多与日常生活息息相关的素材，与学习实际十分接近、密切联系的信息。

如英语口语教材二年级上册 Unit 2 的 "What's for dinner?"（我们正餐吃什么）。很明显，从题目我们就知道我们吃饭的时候会出现 rice（米）、noodles（面条）、bread（面包）、carrot（红萝卜）、egg（鸡蛋）、sausage（香肠）、meat（肉）、chicken（鸡肉）、fish（鱼肉）、banana（香蕉）、vegetable（蔬菜），这一系列的单词的教学包含从植物到动物制作出来的食物。

为了让学生更容易理解到这些食物跟环境保护的重要性，可以先用 power point 制作包含多个页面的课件。首先呈现在学生面前的是一桌丰富饭菜的晚餐。"哇、哇、哇""喷、喷、喷"，座位上的学生不约而同的瞪大了眼睛，那香喷喷的鸡肉，烤得热气腾腾的面包，让孩子垂涎三尺的香肠、鱼和牛肉，学生们眼里放出贪婪的眼光。随着按钮的转动，页面出现了一张空空的、剩下几个黑黑的馒头的饭桌，"嗯，怎会这样的？"

学生开始小声的讨论，跟着页面再转动，出现的就是一幅不忍目睹的画面：田地里河床干枯、秧苗枯萎，山上剩下光秃秃的树干，黑褐色的河里漂浮着一条条发臭的鱼，一只只干瘦没神的猪和牛在草地里饥饿地觅食，而田里的草都又黄又干。田地不远的工厂正在排放着又黑又臭又有毒的工业废水，高高的烟筒上排放的黑烟把天空都染的灰蒙蒙、雾皑皑的一片。

学生的眼里露出失望而又不满的情绪。归纳结果：环境污染、水土流失以及生活污水的排放造成水污染，使大自然的生态环境遭受破坏，导致我们的生活必需品短缺，生活困难。

同样，在小学英语教材《Success With English》五年级的 Unit 4 "What can they do?" 的教学中，从 kangaroo（袋鼠）、turtle（乌龟）、frog（青蛙）、fish（鱼）、monkey（猴子）这一系列的动物在生存中大自然赋予他们生存的天赋（Everyone has his own gift!）也可以引用

相同的方法来引导学生，由于环境的污染导致他们生存的天赋在被污染的生活中难以发挥而濒临灭绝。从而让这些年纪小小的学生在激烈的讨论过程中都表现得义愤填膺，纷纷表示为了我们美好的家园、美满的生活，一定要爱护环境，阻止一切破坏环境的行为。在这种受保护的环境和被破坏的环境教学中不但提高了学生的学习兴趣，还增长了学生爱护环境的意识，从而有助于教学目标的达成，真可以说是一石二鸟。

校园环境中营造爱护环境氛围

精心布置校园。学校要营造一个全方位的视读环境，让爱护环境的英语学习活动从课堂延伸到整个校园，把学生的接受性语言技能从课堂内走向课堂外。在校园内的公众场所和植物园力所能及的用英语标上植物名称或者爱护环境、爱护绿化、注重环保的中英对照的劝告语和标语牌：

如在草坪的篱笆边标上：Don't step on me, I'm your good friend！（我是你的好朋友，不要把你的脚踩在我身上）或者 Keep off the Grass（勿踏草地）的标语牌；在教学大楼的楼梯的 Entrance（入口）和 Exit（出口）的墙壁上用有机玻璃板标上：No spitting（禁止吐痰）；Keep clean（保持清洁）；在厕所的洗手盘边标上：Hand on me before you leave, don't let me cry！（洗手后请记得顺手关水龙头，不要让我哭泣）；还有在学校的植物园，所有花草树木都用中英标上名称，如红棉树（Kapok），榕树（banyan tree），樱花（flowering cherry），小草（grass），仙人掌（cactuses）…还有在学校墙报、黑板报、宣传橱窗等公众场所向师生发布的通知、公告、决定都一律用中英两种文字。

这样一来，和谐、轻松、民主的校园氛围的营造，激活了学生学习英语的热情，坚定学生学习英语的意志，进而形成积极的爱护环境，保护环境的动机；把学生对英语学习的内在心理需要调动起来，调节师生关系，增进情感交流的同时增进师生爱护环境的意识。

课外活动中增强学生爱护环境意识

学科课外活动是学生学习知识的一个有效延伸，是可以培养学生创造与合作精神的重要手段。在英语教学中，有效的利用课外活动能促进学生环境教育意识的形成。

举办手抄报、剪贴报、看图写话比赛、看图说话比赛、情景对话比赛等一系列学科比赛的传统活动。通过举办手抄报这种含有环保的主题的学科课外活动，可以让学生充分发挥联想，利用废弃的旧年历、旧挂历来构思、绘画丰富多彩的、图文并茂的环保内容。学生为了编辑制作一幅自己满意的手抄报，往往会用心思去查阅汉英词典、电子词典或者电脑上的金山汉译软件，用英语为这些图片标注解说。

这样一来，促使学生在活动中提高了自己的语言自学能力、手抄报的排版编辑能力、图片绘画能力。同时我们在高年级还举办英语课本剧比赛或情景对话比赛；以环境内容为主，开展英语环保话剧比赛。结合学校环保宣传活动，还可以举办利用废纸、塑料袋子剪贴粘制的环保时装秀。通过学生利用废报纸和塑料袋子做成各种服装进行展示的活动，认识了废弃物品循环再用的好处，从而提高利用废物的能力和手工制作能力。

通过这样一系列自己亲力亲为的动手操作的学科活动，加深了学生对环境保护的了解、增强了环保意识。学校可以还组织野外远足，通过参观自然生态园，尽可能地了解物种多样性，培养对平衡生态的热爱之情。通过郊游、采访、绘画、调查这些活动，既激发了学生热爱自然的热情，增强了学生的环保意识，又有效地培养了学生良好的行为习惯，形成了良好的环保素养，从而使环保教育成为人类自身与自然关系的一项具有深远意义的战略转变。

总而言之，环保教育是一项造福子孙的伟大事业。而开展环保教育，是每一位教育工作者义不容辞的责任。在英语教学活动中，只要我们教师具有环境教育的理念，在教育教学中充分挖掘教材内容与环境教育之间的联系，利用两者之间的结合点，找准切入点，努力做个环保有心人，使学生的环保意识得到进一步提高，为英语教学和培养学生的环境素质添砖加瓦。只要我们持之以恒，始终做个有心人，那么环境教育这项工程就充满生机！用我们的话说，开展环境教育就是：一个老师影响一个学生，一个学生影响一个家庭，一个家庭影响一个社区。

17. 地理教学中学生环境保护意识培养

目前，世界上人们共同关注的三大问题是人口、资源、环境。环境意识的强弱是一个国家国民素质的重要内容。环境意识是反映人与自然环境和谐与可持续发展的一种新的价值观念，是人与自然环境关系所反映的社会思想、理论、情感、意志等观念形态的总和。

环境保护是可持续发展的重要组成部分，可持续发展是人类的共同理想和行动纲领。它的实现涉及到每个人的利益和后代人的切身利益。然而，它的实现必须是公众参与，实现的是全民战略。中学时代是人生成长的关键时期，既是为人一生中需要的基础知识，基本技能打好基础的时期，又是良好世界观的形成的时期。在中学生中培养环境保护意识，不论对当前或今后的深远影响都是不可低估的。因为这一部分人将是 21 世纪的主人，国家未来的决策者。我们对他们的教育不但影响其现在，更对今后培养目标的实现有着更深远的影响。

环境问题主要有两个：生态问题和环境问题。以往社会只有人类目标，没有环境目标，常常以损害环境的方式去实现人类的需要。特别是 18 世纪后期工业革命以来，人类依靠先进科学技术武装起来的强大生产力，无限制地向自然进攻。一方面掠夺式地开发自然资源，拼命地向自然索取，损害了地球的基本生态过程，出现了滥伐森林、草场退化、沙漠扩大、土地退化、水土流失、物种灭绝等严重生态问题。另一方面，人类不断向环境排放放弃物，超越了自然交换能力，出现了大气污染、水源污染、土壤污染、生物污染以及一系列严重的、全球性的环境问题。

要从根本上去解决这些环境问题，首先要做的就是提高人们的环境意识，而环境意识的提高离不开中学的环境教育。所以在中学地理教学中培养学生环境意识应从以下几个方面来做：

（1）培养学生的环境保护意识。培养学生初步形成科学的环境观、资源观，使学生深深懂得地球是人类的家园，要把自己置身于大自然之中，成为大自然的一员，而不是大自然的主宰。地理教学应使学生认识到：大自然给人类提供了赖以生存的土地、阳光、空气和水以及广袤的空间和活动场所，离开了环境人类将无法生存。

为此，必须向只顾眼前利益、不惜破坏自然资源、严重损害环境的行为作斗争。防范和制止滥伐森林、滥垦草原、过度放牧、无节制地占用农田和抽取地下水，对矿产资源采富弃贫，滥采滥用，造成全球性的气候恶化、土地沙化、地面下沉、耕地减少、淡水资源短缺等严重的威胁人类生存和发展的现象发生。为了人类的可持续发展，让学生产生一种危机感和责任感，自觉地运用科学的环境观、资源观处理生活、指导工作。地理教学中还应该促使学生建立科学的人口观，并认识到人类自身的增长要和资源、环境相协调，从而自觉地宣传和执行党的人口政策。

因为人口的无限制增加，势必导致盲目地、无节制地发展生产和消费，必将导致资源的短缺和枯竭，环境的污染和退化。如果环境的承载量受到的压力过大，生态系统破坏，就有失去平衡导致恶性循环的危险。进而使学生深刻理解并且自觉地宣传和执行我国的"计划生育"基本国策。

科学的环境观、资源观、人口观和可持续发展观应该从小培养。首先要让学生了解当前环境问题的严重性，增强对环境的忧患意识，树立保护环境的强烈责任感和使命感。

其次，要让学生懂得当前人类正面临着人口剧增、资源过度消耗、环境严重污染、生态平衡遭到破坏、温室效应加剧、臭氧层出现空洞等一系列问题的困扰。这些环境问题不仅严重影响着经济的可持续发展和人民生活水平的提高，而且直接威胁到人类的健康和生存。

认识到保护环境就是保护人类本身。引导学生深入理解人与环境的对立和统一的关系，分析环境问题产生的具体原因及解决环境问题的方法和途径，增强解决环境问题的参与意识，达到具有理性的环境行为标准。一方面，按自然规律办事；另一方面，设法提高人类自身的科学技术水平，主动地去协调人类与地理环境的关系，努力促成人类与地理环境关系的统一，走可持续发展的道路。

（2）以课堂为主阵地，将环境意识渗透到知识教学中去。课堂教学是老师向学生传授基础知识及基本技能的主要场所，怎么利用课堂这个主阵地向学生渗透环境意识呢？

首先，老师要努力挖掘教材，把握教材中的渗透点。地理学科在环境教育中的作用是非常重要的，现行高中地理课本从人类和地理环境的关系着眼，教给学生有关地理环境的基础知识，从而使学生对如何利用环境、改造环境和保护环境、趋利避害，使地理环境向着更有利于人类生产和生活的方面发展有一个基本的了解和认识。整个课本知识体系是以地球的宇宙环境为开端，最后又归结到人类和环境的关系上去。环境教育和可持续发展的观点，贯穿于整个教材的始终。

正在使用的地理新教材更是以人口、资源、环境与可持续发展作为自己的知识体系。课本前四单元以宇宙环境、大气环境、海洋环境、陆地环境等四大环境取代了传统的四大圈层；第五单元至第八单元，从人类利用资源和环境创造物质财富，到人类面临的全球性环境问题与可持续发展，阐述了自然环境不仅为人类提供了活动场所，也为人类的生活和发展提供了物质基础。

在人类的发展中，又存在着诸多的环境问题，这是人类不合理利用资源、过分追求经济发展所带来的苦果。通过学习，要使学生认识到：如果人类以可持续发展的观点支配自己的行动，则生态、经济、社会等都可以朝着协调与和谐的方向发展。老师要以丰富多样的教学方法生动形象地通过课堂教学把环境意识渗透到学生的思想中去。

环境教育重在培养学生的环境意识，养成良好的环保行为习惯，而不是专业技术教育，所以教学方法应由传统的灌输式教学转为启发的探究式教学。教学中应该充分引用现代教学手段（如多媒体课件、幻灯、图片、录像等）来加强学生的感性认识，也可以在课前让学生充分利用网络收集各种环保资料，在课堂上组织学生讨论，这样可以充分发挥学生的主动性。

此外，老师还可以收集各种环境污染的实例和数据用于教学，这样既能使课堂气氛活跃，同时又由于实例的生动有趣和数据的触目惊心而使学生留下深刻印象，从而达到增强学生环境意识的目的。

（3）开展课外的实践活动，将环境意识渗透到整个社会中去。

除了课堂教学这个主阵地以外，第二课堂的活动也是进行环境教育的好场所。在利用好课堂教学进行环境教育的同时，应结合地理学科特点，积极组织学生开展课外活动，在活动中渗透环境意识。

平时可根据学校实际情况开展丰富多彩的课外活动，如请环保专家到学校作环境科学的专题讲座、普及环境保护知识、组织以环境保护为内容的主题班会和以环保内容为主的知识竞赛，使学生在潜移默化中接受教育。在寒暑假中组织学生进行社会调查，参观学习，同时组织学生写好环保小论文，将取得很好的效果。

比如，在学生中进行的"废旧电池对环境的污染和处理现状调查"，通过这次活动深切地让学生体会到了环境对我们的重要性，更让学生认识到了，环境保护需要从我做起，从小事做起，保护环境就是保护人类本身。还可以组织学生调查附近的工厂、小河、垃圾处理场、生活小区等，当他们看到污浊的河水、遍地的垃圾、工厂排出的废气、公路上的尘埃，自然就会明白环境保护的重要性，并自觉行动起来，保护环境。

对于高中的学生可以成立课外实验小组和宣传小组，可以使学生深刻地体会到环境污染对生物和人类所带来的危害，从而增强他们的环境意识。而宣传小组则可以利用节假日走向社会，通过手抄报、黑板报以及演讲等形式向公众宣传有关环保的政策条文、法律法规，使环境意识渗透到整个社会中去。

（4）举办专题黑板报、手抄报和讨论会等，将环境意识渗透到学生思想中去。地理学是一门自然科学，与我们人类有着千丝万缕的联系，如自然资源的利用、可持续发展、生物生存的空间环境等都是学生感兴趣的内容。再加上在这个信息技术高速发展的社会，各种媒体如电视、报刊杂志、网络到处都充斥着有关生物与环境的话题，作为中学地理教师除了在课堂内外渗透环境意识以外，还应该充分利用这些媒体资源作好环保宣传。具体的作法是定期地举办以环保为专题的黑板报或手抄报比赛，也可以在一些与环保有关的日子里（如水日、环境日、卫生日、地球日等）举办保护环境的专题讨论会或演讲比赛。这样在活动中学生会主动地去从各种媒体中摄取与环保的关的知识（这往往比被动地接受要有效得多），从而大大提高学生的环境意识。

总之，地理学科所具有研究对象的特殊性，使它在环境教育中具有其他学科无法代替的优势。在当前学校环境教育普遍展开之时，我们地理教师应该责无旁贷，积极投身，尽己之长为环境教育作出力所能及的贡献。

18. 化学教学中学生环境意识培养

在化学教育中培养环境意识的内容

环境意识是指环境在人脑中的反映，即人们对全部环境（自然环境和人为环境），包括生态、经济、政治、社会、技术、立法、文化、美学等方面的认识或见解。环境意识是环境行为的先导，影响和指导着人们的行为准则和规范。提高学生环境意识是环境教育的核心，对防止环境恶化和促进可持续发展具有深远的意义。

化学是研究物质的组成、结构、性质及变化规律的科学，而环境的污染、环境质量的优劣与环境中各种元素和化合物的含量、组成结构、性质以及它们的变化直接相联系。化学教学内容为培养学生的环境意识提供了丰富的素材，化学的研究方法也为环境意识的培养提供了有效途径。根据中学化学教育的内容和特点，我们认为在环境意识的培养方面应注重以下几项内容：

（1）环境忧患意识。领悟人与自然和谐相处的重大意义。环境教育首先要使学生对环境保护的重要性、必要性和紧迫性有清醒的认识。环境危机意识是环境教育最适宜的切入点。全球的十大环境问题，其中有多项都可用化学知识来分析说明，使学生了解环境问题的前因后果及相应的解决办法，让学生了解、关注这些问题以达到培养学生的环境忧患意识的目的。

如：高一年级化学教学中结合卤素知识介绍臭氧层空洞，结合二氧化硫性质介绍酸雨，结合氮的氧化物性质介绍城市环境污染；高二年级化学教学中结合高分子聚合物介绍"白色污染"；高三年级化学教学中结合电解、电镀介绍水体污染。针对这些污染问题让学生明白："人类过去对自然掠夺般的行为方式造成了今天的恶果，人类破坏自然，自然也必然会报复人类，人类应与自然和谐相处"的道理。

（2）"可持续发展"意识。可持续发展的思想如今已成为人们的共识，是解决当前环境问题的一个指导思想。可持续发展包括持续生态、持续经济和持续社会三方面内容。主张人类应与自然和谐相处；主张建立在保护地球自然系统基础上的持续经济增长，做到发展与资源环境的承载力相协调；主张公平分配，以满足当代和后代全体人民的基本需求。

可持续发展是我国的一项基本国策，现在的学生是跨世纪的一代，有必要掌握这一对人类社会发展有重大影响的指导思想。我们在教学中紧密结合教材内容对学生进行可持续发展观的教育，使之学习这一思想理论，培养其"可持续发展"的价值观，并对其相应的态度、行为习惯的养成也起到积极的作用。

我们注意从资源问题入手使学生领会可持续发展理论，在教学中增加了资源利用及资源状况方面的介绍。我们通过元素化合物性质、用途、制法的教学，培养学生的可持续发展的价值观。

可持续发展的价值观，即对未来负责，做到考虑代际间的公平，从后代的角度考虑当代人的行为；又认识到真正的生活质量，体现在解决物质贫困问题的同时，应解决精神的贫困和生态的贫困。公平，它包括人类与非生物界、国家与地区间及代际之间的公平。培养学生环境问题的正确价值观和态度，将有利于指导和规范学生的环境行为，是学生环境行为的先导和动力，是培养可持续发展意识的关键点。

我们通过元素化合物的性质和用途，让学生辩证地认识到它们既有有利的一面又有不利的一面，让学生用批判性思维来考虑这些物质的使用会给世界带来哪些影响。如磷元素是植物生长的营养元素，含磷化合物进入水体，少量促进植物生长，过量则使水中植物疯长，引起水体富营养化，造成水体变黑、变臭。

我国生产的洗衣粉大多为含磷洗衣粉，它们的大量使用是造成水体污染的重要原因之一，而水体污染严重影响了人类的生存与发展。再有，结合一些重要化工原料的工业制法，引导学生用可持续发展的价值观来分析这些传统工业，强调在生产过程中要注意资源的利用率，降低能耗，并进行"三废"的合理回收和再利用。

我们利用实验教学培养学生可持续发展的态度和行为。实验是化学教学的重要环节，也是进行环境教育的极好时机。实验需要使用各种试剂，会排出相当数量的成分复杂的废物、废水、废渣，它们不仅对实验室环境构成一定威胁，也对周围环境构成一定危害。我们在实验教学时强调按用量使用药品，以减少污染物的排放量；规定要将实验废弃物放到统一地点，统一回收处理。在实验前讲明道理，使学生自觉规范自己的行为。教师对实验操作坚持严格要求，同时也注意让学生进行实验操作的设计，发挥其主体性。

我们还注意从法制的角度对学生进行"可持续发展"意识的教

育，在教学中利用渗透的方式，结合知识点，让学生知法、守法、用法。如讲二氧化硫、硫酸时介绍《大气污染防治法》，讲水泥的工业制法及钢铁冶炼方法时介绍《固体废物污染防治法》，讲电解电镀时介绍《水污染防治法》，通过有关法律法规的介绍增强学生的环境意识。

发挥教师在环境教育中的主导作用

教师本人的环境意识、环境知识和环保技能以及环境教育能力的水平是提高学生环境意识的关键。积极开展关于环境教育内容和方法的研究，积极与国家环保宣教中心联系，请他们对我们的环境教育工作进行指导。搜集关于环境的小故事，以及一些重大的环境事件、环保法规等等，根据化学教学内容，结合知识点，将这些素材分类整理，编辑成适合课堂教学的《教师环境教育课堂教学参考资料集》。编辑的资料丰富了教学内容，进一步激发了学生学习的积极性，培养了学生的环境意识。

充分发挥学生的主体参与作用

环境教育从学生切身问题入手，抓住时机灌输环境意识，能给学生留下深刻印象。比如，针对许多学生家庭住房条件得到很大改善，正在进行或即将进行室内装修的现实情况，我们可以组织学生开展"室内装修会遇到哪些环境污染问题"的专题调查活动。学生自由组合编成小组，自编调查问卷，自己跑市场了解家居装修材料性质，到图书馆查找文献资料，撰写调查报告。通过活动的开展，学生了解到许多环境知识，如地面装修选用大理石会增加氡污染，墙面漆的使用会挥发出甲醛、三氯甲烷等影响身体健康的有机物。

通过调查，学生还提出了许多减少室内空气污染的办法，如尽量少用中国传统的爆炒做菜方式，以减少油烟的排放量；做菜过程始终开动抽油烟机，以减少燃烧过程产生的 CO_2、CO、NO_2 等有害物在空气中的含量；室内禁止吸烟；注意家电的电磁波污染等等。总之，活动的开展大大提高了学生的环保意识。

高中无机化学部分主要以元素族为单元进行授课，每当学完一个单元，让学生搜集这一族元素化合物在环境问题方面的有关知识和信息，在所组织的"环境沙龙"中进行信息交流，开展问题讨论。如学完卤素单元，学生们利用课余时间找资料，在交流会上有的同学向大家介绍了氟的化合物氟立昂破坏臭氧层的原理和目前臭氧层的情况。

19. 生物教学中学生环境教育指导

共建和谐社会需要高素质的人才，素质教育的核心是培养全面发展的高素质的人才。对于一个人，良好行为习惯就是基本素质之一，良好的行为习惯是人的能力和素质的生长点，为实现人的全面发展提供了平台。中学生如果养成基本良好的行为习惯，将终身受益，成为自身可持续发展的重要力量。在一定意义上说，习惯就是素质。在成长过程中养成良好的行为习惯，必然有利于学生的健康成长，有利于社会的可持续发展。

随着科学技术的飞速发展，带给人们的是社会和经济的繁荣，但同时也带来了严重的环境问题。让学生了解当前环境问题的严重性，增强其对环境的忧患意识，树立保护环境的强烈责任感和使命感。让学生懂得当前人类面临着许多全球性的环境与发展问题，人口剧增、资源过度消耗、环境严重污染、生态平衡遭到破坏、温室效应加剧、酸雨增多、臭氧层出现空洞等。这些环境问题不仅严重影响着经济的持续发展和人们生活质量的提高，而且直接威胁到人类的健康和生存。从而认识到保护环境就是保护人类自己，就是保护人类赖以生存的家园。进行环境保护，更好地解决人口、资源、污染和疾病等已成为 21 世纪人类面临的重要问题。

在生物课堂教学中渗透或进行环境教育有着得天独厚的优势。生物生存于自然环境，依赖于自然环境，是生态环境的一个组成部分。生物在适应自然环境的同时，也影响和改变着自然环境，生物与自然环境是不可分割的统一体。生物学习中涉及到许多与环境保护相关的知识内容，为环境教育打下良好基础。

（1）学习环保知识，树立环保意识。环境问题主要源自人类对自然资源和生态环境的不合理利用和破坏，而这些损害破坏环境的行为与人们缺乏对环境的正确认识密切相关。观念支配行动，环境保护的行动源自学生良好的环境知识和保护环境的意识。新课程生物学教材提出了以"人与生物圈"为主线的课程体系，有助于学生正确认识环境问题的现状，学习解决环境问题的知识和观念，树立正确的环保意识，使学生的行为与环境相和。

如对七年级上册中的"生物圈""生态系统""生物对环境的适应和影响""生物圈是最大的生态系统"的学习，使学生认识到，生态系统是生物与环境相互作用的一个整体，成员之间相互依存，相互影响。人类的活动对生物圈的影响常常是全球性的，人类的许多活动影响着生物圈，使生物圈面临危机。学生明确了人类在生物圈中的地位和作用，理解了人必须与生物圈和谐共处的道理。

通过"绿色植物通过光合作用制造有机物""绿色植物与生物圈中的碳—氧平衡""爱护植被，绿化祖国"的学习，学生认识到绿色植物光合作用的重要意义。光合作用为包括人类在内的所有动物的生存提供了物质来源和能量来源；是生物圈中所有能量的最终来源；维持了大气中氧气和二氧化碳的含量保持相对稳定。认识到我国植被面临的主要问题；理解爱护植被、绿化祖国的重要意义。

七年级下册中的"分析人类活动破坏生态环境的实例""探究环境污染对生物的影响""拟定保护生态环境的计划"几乎就是环境保护的专题教育。学生了解到森林遭到严重滥伐；野生动物被捕杀，鸟类种类日益减少；太湖污染，美丽不再重现；生物入侵的危害；探究酸雨对生物的影响、废电池对生物的影响；认识温室效应和臭氧层破坏给环境带来的危害；拟定保护当地生态环境的计划等等。

通过学习，学生们对环境保护有了更深刻的感性认识和理性认识，环保意识有了很大的提高，并且很快落实到日常生活行为中去。

（2）养成良好习惯，做到环保生活。保护环境，只靠宣传是不够的，学生的环保知识和环保意识要转变为学生良好的环保行为，成为学生生活和学习中的自觉行为，才是环境教育的目的。学生良好的环保行为和习惯不是与生俱来的，尤其是正确的环境行为习惯，更是在后天的社会生活和教育中，在教师家长的指导和影响下逐渐形成和发展起来的，需要一个较长的过程。

我们过去的学校教育中向学生传递的更多的是不能和不要去做什么，如不要损坏树木，不要破坏绿化，不要伤害动物，不要随地吐痰，不要损坏公物等等。很少具体地教会学生正确的行为方式，如何去做。在生物教学中进行环境教育时，在传授环保知识，树立环保意识的同时，更突出生活学习中应该怎么去做，什么行为方式是环保的、正确的。

如随地吐痰是国人的恶习之一，是令许多国际友人无法忍受而不愿再来中国的原因之一。在学习《人体的呼吸》一节内容时，提到不能随地吐痰。在《传染病》的学习中，讲到呼吸道传染病传播的途径，也会说到不能随地吐痰。

通过学习相关的生物知识，学生知道了呼吸道对吸入的空气有清洁作用，被呼吸道阻拦的细菌和有害物就形成痰和鼻涕等。随地吐痰将会散布细菌等病原体而传播疾病，污染环境。但学生虽然知道不能随地吐痰，不知道如何正确处理吐痰。以前家长和老师从来没有教过如何去做，这令学生很困惑。

在教学中教给学生具体的做法是：每天早上洗漱时对口腔喉咙鼻腔做一次较全面的清理，以尽量减少吐痰的机会。出门时随身携带手帕（或纸手帕），遇感冒要咳嗽吐痰或流涕时，将痰吐在手帕（或纸手帕）里放进口袋，回家后处理或放进垃圾桶。如周围没有垃圾桶，用过的纸手帕不能乱丢，先装口袋里，找到垃圾桶后再放入。应该说这是一个人人都会做的文明而环保的行为，但我们以前很少有人这样去做。

在学习《动物在自然界中的作用》一节内容时，首先让学生进行几个案例分析，懂得动物与人类之间的关系。动物在生态系统中不可或缺的作用，了解已经消失的动物，如旅鸽、渡渡鸟等。由于食物链的作用，地球上每消失一个物种，就有与之相关的 10－20 个物种消失。当地球上的物种逐渐消亡的时候，作为地球生物一员的人类，能够幸免于难吗？懂得动物是人类的朋友，人与动物应该和谐相处，保护动物就是保护人类自己。

如何去保护动物，保护野生动物呢？我们应该做到：爱护动物和它们赖以生存的环境，不随意向动物扔杂物，不打鸟，不捕捉青蛙和蛇等野生动物，不吃野味；不购买野生动物及利用野生动物制成的商品，不贩卖野生动物，注意保护野生动物及其赖以生存的环境；积极主动参加有关动物保护活动，宣传动物保护和环境保护知识，说服并劝阻破坏生态环境的行为，必要时寻求新闻媒体支援和法律支持。

在爱护花草树木的过程中应做到：不攀花折枝，爱护树木；不破坏绿化，保护草地；不使用纸制贺卡，多发电子邮件或短信；节约纸张，双面打印文件，废纸回收利用；不使用一次性木筷子；进行保护树木爱护绿化的宣传，积极参加植树活动，劝阻和制止乱砍古树名木、破坏绿化的行为。

多使用布袋或竹篮购物，不使用一次性难降解塑料袋和塑料餐盒，减少白色污染。正确处理废旧电池。尤其是污染性极大的纽扣电池。保护水资源，节约用水，如使用节水型抽水马桶；洗淋浴而不用浴缸，也不到公共浴室洗汤浴；减少或不用自来水洗车，推广污水处理和水的循环利用。关注当地水体污染状况，及时发现举报对水体造成严重污染的造纸、冶金、化工等生产企业，减少水污染。

使用节能环保型冰箱、空调。减少使用空调次数和时间，以保护大气中的臭氧层。关注大气污染，出门多坐公交汽车，多骑车或步行，减少机动车尾气的排放，降低温室效应等等。

（3）关注环境问题，促进持续发展。环境教育必须让学生走出学校，走向社会，让所有的人都行动起来，加入到环境保护的行列中来。这就要求学生不仅要自己有良好的环保行为，而且要关注社会，关注当前发生和存在的污染环境的重大事件：北方的沙尘暴，艾滋病，洪水与厄尔尼诺现象等重大事件，积极参与这些事件的探索讨论，关注本身就是一种更高层次的环保行为。目前全球的野生动物种类正以前所未有的速度在减少，日益消亡。

全球每天有 1500 吨氯氟烃化合物排入大气中，造成臭氧层空洞。每天新增加 14 万辆汽车排放尾气，每天进入大气的二氧化碳为 5600 万吨，造成温室效应。每天有 5.5 万公顷森林被毁，161 平方公里土地荒漠化。每天有 1.5 万人（多为儿童）饮用被污染的水而死亡。我国人均水资源只有世界人均水资源的 1/3。水污染和水资源的浪费仍相当严重。由于地下水的大量不合理的开发利用，我国已有 50 多个城市出现大面积地面沉降。人类向大自然的每一次索取，都将遭到大自然无情的报复。

学会在关注中学会思维，辩证地看待每一件事，正确处理和保持人与自然环境之间和谐的关系。环境教育的目的在于使学生认识到地球上生命之间的相互依存关系，认识到人类自身的活动与决策在现在和将来对资源、对当地社会，对全球以及对整个环境所造成的影响，从而自觉树立与环境、社会和谐共存的生存和发展观。

总之，环境教育是对中学生进行素质教育的重要内容。环境意识是科学意识，也是道德意识、文明意识。中学生正处在人生观、世界观、价值观形成的重要阶段，对学生进行环境教育的目的并不是培养从事环保的技能，主要是通过传授环境知识，培养学生保护环境的意识、态度和价值观，提高环保责任感。树立正确的生存观、发展观，进而使其形成与环境和谐共存的行为模式。

第二章

学生热爱环境教育的故事推荐

1. 地球生命现于何时

如果从最早的猿人开始计算，人类已经有了二三百万年的历史。众所周知，如果把地球 *46* 亿年的演化史比做 *24* 小时的话，人类的出现则只有半分钟。早在人类出现之前，各种生命就出现了，它们诞生、死亡，一种动物灭绝，另一种动物形成，就这样新陈代谢，相互交替活跃在地球的舞台上。地质学家在一些地方发现了它们死后留下的遗骨和遗迹，这就是古生物化石。根据化石可以推断古代生命的生成时间和当时的地球环境，因此这种石头被称为记载地球历史的特殊文字。

地质学家最先在澳大利亚这样的石头中，发现埃迪卡拉动物群，后来又在前苏联发现了里菲生物群。我国的古生物学者也曾在陕南的化石中发现有生物活动的遗迹。通过对这些生物化石的年龄测定，确认它们是在距今 *5~6* 亿多年前的寒武纪时代形成的。地质学家的研究结果证明，这些化石中的生物还不是最原始的生命，但它们已经是较高阶段的生命代表了。在它们之前还应该有更古老的生命存在。

后来，人们把一些留有生物遗迹的化石送到电子显微镜下观察，在一些"年龄"为二三十亿年的化石中发现了更为原始的生命遗迹。

1940 年，麦克格雷尔在津巴布韦的石灰岩中，发现了可能是藻类留下的碳质遗迹，岩石年龄为 *27* 亿年。

1966 年，巴洪和肖夫在南非德特兰士瓦的浅隧石中，发现了 *0.24×0.56* 微米的棒状细菌结构物，年龄确定为 *31* 亿年。两年之后，恩格尔也在南非年龄为 *32* 亿年的前浮瓦乞系的堆积岩中，发现了直径为 *10* 微米的球状体，并认为是一种微生物化石。不过，当时

人们普遍怀疑这些研究成果，认为这些只不过是一种无机物或胶状有机物，因为人们不相信生命的出现能如此之早。

20世纪60年代以后，巴洪等人终于又在距今34亿年的斯威士兰系的古老堆积物中，用显微镜发现了200多个直径约为2.5微米的椭圆形古细胞化石，其中有1/4的古细胞处于分裂状态。这个发现为证明30多亿年前的生物遗迹的存在，提供了有力的证据。

美洲的古老化石最初发现于加拿大安大略的肯弗林特的黑色浅燧石中。这些微化石的形态同蓝藻相似，经岩石年龄测定为19亿年，显然不是最老的生物化石。后来又在美国明尼苏达州的苏堂页岩中的黄铁矿中，发现了0.1～1.5微米的椭圆状细菌结构物，据推测，其年龄大约为27亿年。

我国1975年在鞍山含铁岩系中发现了化石细菌，年龄确定为24亿年。与现代细菌对比，其中有4种属于铁细菌，外形有杆状、纤毛状和球状等。

但是，在已发现的古老化石中，年代最久远的还是1980年左右在澳大利亚西部发现的细菌化石，据测定，他们出现在35亿年之前。它们中有一半呈深灰色球状，直径在1.2～4微米之间，许多个体都成对或多个连在一起；也有的呈椭球状、空心球状等形态。这些发现足以证明，35亿年前不仅生命早已存在，而且已开始有了不同种类的分化。

前几年，美国科学家对来自格陵兰岛伊苏亚地方海洋和冰帽间狭窄的无冰地带年龄为38亿年的古老岩石进行详细的碳、硫等元素的测定，发现这些岩石中含有机碳。他们根据这种同生命密切相关的有机碳的发现，提出了38亿年前就已有生命存在的新观点。

地球上生命的出现会不会早于38亿年呢？人们还没有在比38亿年更古老的岩石中找到证据。生命起源的时间之谜，还有待人类的进一步探索。

2. 难以解释的奇异水柱

1960 年 12 月 4 日，"马尔模"号在地中海海域航行时，船长和船员们看到一个奇异的、好像白色积云的柱状体从海面垂直升起，但几秒钟后就消失了。几秒钟后，它又再次出现。于是船员们用望远镜观察，发现它是一个有着很规则的周期间隔升入空中的水柱，每次喷射的时间约持续 7 秒钟左右，然后消失；大约 2 分 20 秒后又重新出现。用六分仪测得水柱高度为 150.6 米。

这股奇异的水柱是怎样形成的？科学界争论不休。有人认为它是"海龙卷"。威力巨大的龙卷风经过海面上空时，会从海洋中吸起一股水柱，形成所谓的"海龙卷"。

但"海龙卷"应成漏斗状，这与船员们观察到的情况不同。而且从有关的气象资料来看，当时似乎无形成"海龙卷"的条件。于是，有人提出水柱的产生是火山喷气作用的结果。

其理由是地中海是一个有着众多的现代活火山的地区，但在水柱产生的海域却又没有发现火山活动的记录。而且"马尔模"号的船员们在看到水柱时，也没听到任何爆炸的声音。再者，如果确是水下火山喷发，周围的海域也不会如此平静。

因此，有人推测，这是一次人为的水下爆炸所造成的。但水柱周期性间歇喷发的特征和当时没有爆炸声，也似乎排除了这种可能。

因此"马尔模"船员的发现给人们留下了一个难解之谜。

3. 岩石的形成之谜

地球上的岩石千姿百态，五彩缤纷，它们是怎样形成的呢？

自古以来，科学家们都在探索这一奥秘。科学界还有过一场激烈的争论，持不同观点的科学家互不相让，有人称这场争论为"水火之争"。

1775年德国的地质学家魏格纳，提出了这样的观点：花岗岩和各种金属矿物都是从原始海水中沉淀而成的。人们称他的观点为"水成派"。后来，以英国的地质学家詹姆士·赫顿为代表的一些科学家，针锋相对地提出相反意见。他们认为花岗岩等不可能是在水里产生的，而是岩浆冷却后形成的。人们称这种观点为"火成派"。

"水成派"与"火成派"一直争论了几十年，两派之间的斗争十分激烈。现在看来，由于受当时科学水平的限制，这两派观点都带有不同程度的片面性。不过，他们的争论使地质学又向前推进了一步。

现在，科学家们借助于先进的设备，已摸清了岩石的来龙去脉。

如果按质量计算，在地壳中约有3/4的岩石是由地球内部的岩浆冷却后凝结而成的，人们称它为"岩浆岩"或者"火成岩"。花岗岩就是属于岩浆岩。在地球上，目前还可以看到火山爆发后喷出的温度高达1000℃以上的液态的岩浆，经过冷却后形成的坚硬岩石。岩浆岩在地下形成，因此，它分布于地表的不多，一般都埋藏在比较深的地下。

有少数的岩石是泥沙、矿物质和生物遗体等长期沉积在江湖和海洋底下，经过长期紧压胶结，以及在地球内部热力的作用下，变成了岩石，人们称它为"沉积岩"，如砂岩、页岩和石灰岩等。沉积岩尽管所占的比例不多，可它多数分布在地表面，因此，我们平时容易见到。

岩浆岩和沉积岩形成之后，受地壳内部的高温高压的作用，改变了性质和结构，就形成了另一种岩石——变质岩，如石英岩、大理石岩等。

岩浆岩、沉积岩、变质岩这 3 种岩石之间还可以互相转化。比如，埋在地下的变质岩可以被地壳运动推到地表面，在地表面再形成新的沉积岩。因此，著名生物学家林奈说过："坚硬的岩石不是原始的，而是时间的女儿。"

的确，岩石正是经过长期的各种条件的作用，由其他物质转变而成的。

4. 月亮与地震有关吗

月亮对地球的引力，会造成地球上的海洋潮起潮伏。大海有规律地起伏着，就像在进行着一呼一吸的生命运动。然而人们并不清楚在海水涨落起伏之时，固体的陆地也会受月亮的影响，做着相应的起伏运动。

1933 年，美国海军观察站的测量员，发现圣地亚哥和首都华盛顿之间的距离与 7 年前测定的数据相差了 15 米。这在讲究分毫不差的大地测量学上是一个巨大的数字。后来研究者才发现，月球把 40 万千米下面的"固体"地球拉起来了，地面就形成了凸起，因此，两端距离缩短。这一定会对已经积累了巨大压力的地壳中某个部位起到导火索的作用，从而使地球上发生地震。

美国科学家发现，在南加里福尼亚州的一个狭窄的地区内，地震的发生与 12 小时、半月和 18.6 年的月球周期有着密切的关系。

我国自 1966 年以来，在河北平原发生了 4 次 6 级以上的大地震，全部发生在初一或十五的前后，并且与附近塘沽港海潮的高潮时刻相接近。

科学家们发现，在月亮形状为逆、望、上弦、下弦前后的日子，地震发生的几率比其他日期发生的要高。

月亮是怎样诱发地震的呢？这还有待于科学家们继续研究。

5. 地震的成因之谜

一提起天灾人祸，人们就会想到巨大的破坏、恐怖的伤亡，因为天灾人祸确实给人们带来了巨大的痛苦。而其中又尤其以天灾因其不可预测性令人感到畏惧。

说到天灾，我们熟悉的有火山爆发、地震、海啸、龙卷风等等。为了避免这些天灾所带来的损失，尽量减少人员的伤亡，科学家们对这些天灾形成的原因，进行了大量而艰苦的研究工作。但由于各方面的限制，现在仍有许多未解之谜在困扰着科学家们，其中地震的成因之谜就是一个。

我们都知道，地震的破坏性是十分巨大的。大地震如果在陆地上发生，顷刻间就会颠覆成千上万的高楼大厦、农舍田庄，会破坏道路、良田、工厂、矿山，造成惨重的人畜伤亡；地震如果在海底爆发，刹那间就会引起海啸，吞没船只，席卷海滨；地震如果在山川发生，又会震得山崩地裂、江河断流、堤坝崩溃。另外，地震还会诱发火灾、水灾，最终给人类带来更大的灾难。

1976 年 7 月 28 日 3 时 42 分，我国唐山发生了一场大地震，整个唐山市在一夜之间化为废墟，许多市民是在酣睡中葬身于瓦砾之中的。

地震给人类造成了巨大的损失，如何预测它的发生以减少损失呢？这首先要搞清楚地震是怎么回事，它又是怎么发生的。

在古代，科学还不够发达，人们对地震的认识很幼稚。对于地震有以下一些说法，像什么"巨鳌翻身"、"地牛打滚"。当然，这都是当时人们对于地震产生原因的种种可笑的说法。

随着自然科学的发展，自 19 世纪后半叶起，人们开始对地震时观测到的种种现象进行分析，得出这样一个结论，就是地震是地壳运动引起的。但围绕地壳运动的问题又出现了形形色色的各种观点，我国著名地质学家李四光将之归结为六种观点。

一种观点认为：地球是一团热质冷却固结而成的，冷却的次序是先外后里。在这个冷却过程中，地球体积逐渐缩小，以致首先形成一个壳子，而且到处发生褶皱、断裂，因而引起地壳运动。打个比方说吧，这就像一个瘦子穿上一件胖子穿的衣服后，衣服会发生褶皱一样。

然而，这个论点还存在着漏洞，那就是按照这种说法发生的这种褶皱和断裂，应该是杂乱无章的，但事实并非如此。地壳中的这种情况是有一定方向的。而且由于地球内含有大量的放射性元素，它们会不断蜕变产生热量，这不仅可以抵消地球失去的热量，而且可能大于失去的热量，因而这种由于地球冷却收缩而引起地壳运动的观点就说不通了。

与这个观点相反，还有一种观点认为是由于地球不断膨胀才引起了地壳运动。但这样的话，地球的表面应该出现无数不规则的裂口，然而这又与事实相悖。

后来有人认为是太阳和月亮对地球的吸引力引起的固体潮使得地壳发生运动；第四种观点又认为这是因为地壳的内部物质不断发生对流引起的；第五种观点认为这是地壳均衡运动的结果。

　　以上五种观点有的和事实不够相符，有的仅仅限于假定，有的论证不够充分，因此都被科学家们一一否定了。

　　后来，在20世纪20年代初，又产生了大陆漂移的假说。大陆漂移假说认为：地层产生褶皱并不需要收缩。当大陆移动时，前缘如果受到阻力就会发生褶皱，就好像船在水上行驶时，在船头产生波浪那样。向西推进的南北美大陆，一方面在其东面形成了大西洋，另一方面在其西岸形成连绵不断的落基山脉和安第斯山脉。另外，向北推动的印度大陆和亚洲大陆相撞就形成了喜马拉雅山。

　　在20世纪30年代，经过激烈的辩论之后，大陆漂移说又宣告破产。它破产的原因有三个：一是缺少对大陆漂移原动力的说明；二是认为地球不是坚硬的；三是根据高温起源说，地球在很久以前才是软的，如果发生大陆漂移的话，也应是在地球形成的初期。

　　20世纪50年代末，古地磁研究证实，南北磁极的位置始终在移动。照理这样的移动线路应该只有一条，但奇怪的是，在北美和欧洲大陆上分别测定的北磁极迁移路线却有两条，它们不相重合，但形状相似，处处平行。要使它们合并成一条，除非把北美大陆向东移动3000千米。然而这样就挤走了大西洋的位置，并使北美大陆和欧洲大陆连在了一起，这正与大陆漂移说不谋而合。因此，大陆漂移说因这一发现而活跃起来。

　　然而，由于地球磁极的问题一直没有定论，大陆漂移说在解释一些实际问题的时候也碰到了困难。

　　20世纪60年代，又有人提出了"海底扩张"的假说。持此种观点的科学家认为，由于海底的不断更新和扩张，造成古磁场和年龄数据的对称分布。而当扩张的大洋地壳到达火山边缘时，便使俯冲到大陆壳下的地幔逐渐熔化而消亡，因而无法找到古老的大洋地壳。

这个假说经过充分的观测研究证明是可信的。而到了20世纪70年代，在大陆漂移说和海底扩张说的基础上，又产生了"板块构造"学说。

板块构造说强调全球岩石图并非一块整体，而是由欧亚、非洲、美洲、太平洋、印度洋和南极洲六大板块组成。这些板块驮在地幔顶部的软流层上，随着地幔的对流而不停漂移。板块内部地壳比较稳定，板块交界处是地壳活动较多的地带；大地构造活动的基本原因是几个巨大的岩石层板块相互作用引起的。由于地震是大地构造活动的表现之一，所以板块的相互作用也是地震的基本成因。

板块构造说是一门新学说，它为地震成因提出了一个新的研究方向。但是，板块构造说毕竟也是一种假说，还有诸如地质力学等多种学派对地壳运动进行的其他解释。因此，地震发生的原因迄今仍是一个谜，人们尚未能找到最终的答案。我们有理由相信，随着科学的高速发展，破解地震成因之谜的那天终会到来。

6. 地震前有地光闪耀之谜

1976年7月28日，子夜已过，表针指向了凌晨3点钟，我国北方工业重镇唐山处于极度沉闷空气的笼罩之中。这时在室外乘凉的人们看见东北方向一道道五彩缤纷的光束升了起来，就像强大的信号灯一样，把大地照得亮如白昼。这些光束形态，有的呈片状散开，有的如彩虹飞架，有的似光柱冲天而起，有的像圆球飘忽不定。光束的颜色七彩纷呈，尤其是像银蓝色、白紫色等平时罕见的复合色令人眼花缭乱。高度众说不一，持续时间有长有短。这种火球曾在唐山市郊区引燃成患，烧焦了农田的稻谷。一些小学生见此情景，以为是天亮了，背起书包就往学校走，结果弄了一场笑话。光焰散去，大地开始颤动，几秒钟后，唐山变成了一片废墟。

这是为什么呢？

原来，这是一种强烈地震的前兆，被称为地光。

许多强烈地震都伴随有发光现象。这种特殊的令人毛骨悚然的自然现象，早在几千年前就已经被人们注意到了。我国是世界上记载地光最早的国家。古书《诗经小雅·十月之交》里就曾记述了2800年前陕西岐山地震时奇异的声光现象。书中写道，"烨烨震电，不宁不令。百川沸腾，山冢崒崩。高岸为谷，深谷为陵。"其中的"烨烨震电"之语，就是指的闪闪的地光。因为书中所写的十月系周历，相当于现在的农历八月，这时岐山、宝鸡一带雷暴季节已过，"十月雷电"显然是误传，应该是地震前的地光现象。后来在其他史料中，也有不少关于地光的记载，如"碧光闪烁如是"、"夜半天明如昼"、"夜半天忽通红"、"红光遍邑"、"天上红光如匹练"等，多得数不胜数。

在国外，地光也引起了人们的广泛注意。这种记载最早见于罗马历史学家塔西伦的《编年史》，它记述的是公元17年小亚细亚发生了强烈地震。书中说地震前有人曾看到天空火光闪闪。日本的地光记载也很早，据日本地震学家安井丰推测，日本最早的地光记录可以追溯到1500年前，可惜这种推测查无实据。真正书录在案的是公元869年的《三代实录》，书中在记述陆奥地区的地震海啸时，曾提到过发光现象，距今已有1100多年。

人们在很早以前就知道利用地光现象来预测地震，我国古人总结的六条地震前兆，其中有一条讲的就是地光。"夜半晦黑，天忽开朗，光明照耀，无异日中，势必地震。"这类描述曾在不少书中出现过。但地光作为一种奇异的自然现象，被人们进行科学探索，则是18世纪以后的事。据《日本地震史料》记载，1703年12月5日元禄 8.2 级大地震前，有一位学者在研究了当地天空中奇异的发光现象以后，曾向幕府官员发出警告说，夜里将有强烈雷暴和地震发生。他在当时就注意到了地震与发光的关系，这是难能可贵的。18 世纪中叶，当时的英国和北欧一带频繁地发生地震，并屡次伴随有地光的闪烁。在英国皇家学会开会讨论这个问题的时候，英国学者威廉·斯图克雷第一次试图用地表电流来解释地光产生的原因，自然，他的认识是错误的。20 世纪初，意大利学者里佐率先对地震发光现象进行特别详细的调查，他对意大利 1905 年 9 月 8 日卡拉布里亚地震的发光现象进行了深入研究。在他的影响下，另一位学者加里也广泛收集了欧洲 148 例地震发光资料，在 1910 年的《意大利地震学会汇报》中发表了研究论文。

20 世纪 30 年代以后，地震发光的研究进入了全面发展的阶段，人们对于地光的真实存在不再感到怀疑了，并开始出现了解释这种现象的理论假说。在这些研究中尤以日本领先。1965 年以后，日本学者安井与近藤五郎、栗林亨等利用地磁仪、回转集电器等进行了观测研究，并拍摄了世界上第一张地光照片。1974 年，我国学者马宗晋在研究了邢台地震以来历次较大地震的临震宏观现象以后，提出了"地光不仅仅是地震派生的结果，而应看作是临震共同发展的统一过程"。这就是说，应把地光同与它同时出现的其他现象联系起来考虑。随着地光现象资料的不断积累，人们从地光的复杂形态中领悟到它的成因也并非是单一的。由于地光发生的时间短促，机会难逢，过去的地光资料也常常缺少详细确切的说明，尤其是直到今天，还未解决仪器观测技术问题，因此地震中地光成因的研究还没有确切结果，仍然处于假说阶段。

地光是由岩块相对摩擦产生的。米尔恩是一位长年工作在野外的地质学家，有一天，他在野外采集岩石、矿物标本，手中的锤子落在坚硬的岩石上时，点点火星迸溅出来。米尔恩从这种现象中得到了启发，第一个提出了地光是地震时岩块相对运动发生摩擦而产生的发光现象。1954 年，前苏联学者邦奇科夫斯基也把地震发光比喻为马蹄与石头道路撞击而产生的火花。

这种说法是探索地光成因的一次有益尝试，但它的解释只是对某种形态的地光说得通，对地光的其他形态则难以奏效。例如，有些地光发生在半空中，似乎与地面岩石的摩擦无关；有些地光还伴随有类似日光灯的自动闪烁，这显然也无法用摩擦生光来解释。另外这种观点也很难说明在震区广阔的范围内都可观察到地光以及球形光和柱状光的缘由。因为按照岩块摩擦发光的假说，地光应该主要分布在裂隙带附近，并与裂隙的分布方向一致，发光的部位应接近地面。例如，1975 年辽宁海城地震时，有人看到本县大青山菱镁矿分布区出现强烈的白色光带，它与该地大量裂隙的分布基本一致，并紧贴地面，持续 2~3 秒钟，没有明显闪烁，然后突然消失。这种地光可以用岩块摩擦生光观点解释，但以此来解释所有的地光，显然是不全面的。

水的毛细管电位理论。日本学者寺田寅彦闲来无事，对物理学中的电动现象甚感兴趣。他看到液体和固体相对运动时，常伴随有一些电现象，即在液体和固体的接触面上会出现两层异种电荷。如果液体在压力下通过一个固体毛细管，那么就会在毛细管的两端出现电位差，这就是流动电位。这位学者由此萌发了水的毛细管电位理论，试图能在地光成因问题上一显身手。他认为，一场强烈地震所影响的深度可与地面波及的范围相当。在地震影响的深度范围内，地下水受到挤压，便通过岩石的孔隙向上移动，产生流动电位。寺田推测，地下水所受到的压力，相当于 100 千米厚的岩柱所产生的压力，根据计算，它所产生的电位差可达到 300 万伏。显然，这样巨大的电位差足以导致产生高空放电，形成地光。寺田的理论得到了日本部分学者的支持，但国际上多数学者对这理论提出了质疑。尤其是美国学者麦克唐纳对寺田计算出来的300万伏电位差表示怀疑。这位美国人设想了地球内部产生电位差的各种可能原因，研究了地下核爆炸时所产生的压力对地下水流经岩石和土壤中孔隙的流动电位的影响，结果发现，在300多米的深度范围内，能产生的最大电位差仅有几百毫伏。即使地震的影响能达到100千米的深度，所产生的电位差也不过几百伏，远比寺田所说的小得多。这样小的电位差，是不可能引起大气发光的。

这个水的毛细管电位理论，就这样夭折了。

石英的压电效应说。芬克尔斯坦和鲍威尔，当年曾是继美国人麦克唐纳之后水的毛细管电位理论的主要反对者。他们在推翻日本学者的理论以后，提出了石英的压电效应说，企图利用地电电位差来解释地光的形成。

1970年，芬克尔斯坦和鲍威尔首次发现了地震孕育过程中石英的压电效应。科学家们早在物理学的实验中发现，许多晶体在受到挤压或拉伸时，会在两个平面上产生相反的电荷，这种现象被称为压电效应。今天，它已被广泛应用于各种电子设备和仪器中，也被广泛应用于导弹、电子计算机、航天等尖端技术中。压电石英就是这样的一种晶体。由于石英在地壳中分布很广，地震是岩层长期受力突然破裂的表现，可以想象，在地震孕育过程中必然也有压电效应产生。两位学者推断，当石英在地壳中有规律排列时，如果沿长轴排列的石英晶体的总长度，相当于地震波的波长时，就会产生地震电效应。若地震压力的压强为30~330帕，就有可能产生500~5000伏/厘米的平均电场。这个电场足以引起类似暴风雨时闪电那样的低空放电现象，产生地光。由于压电效应并不一定在地震发生时才有，所以在地震前的几个小时也可以看到地光。

如果按照这种理论，地光应该只发生在某些特定的分布有定向排列的大量石英晶体的区域内，然而实际上出现地光的强震区，其地下岩石并非都是石英岩，而是多种多样的岩石。但无论地下岩石性质如何，都有出现地光的可能，这一实际情况与石英压电效应理论不相吻合。另外，石英压电效应理论也不能解释在一些震区观察到的极为独特的"电磁暴"现象。

更难解释的奇怪现象。1966 年，前苏联塔什干大地震前几小时，塔什干上空突然发生了一场电磁暴。天空中耀眼的白光就像镁光灯一样，使人目眩。更令人奇怪的是，室内的日光灯无故自亮。科学工作者观测到电离层中电子密集度达到顶峰。

这次地光的奇异特征，显然很难用前面的几种假说解释。

1972 年，日本学者安井丰等人提出了"低层大气振荡"的看法。他们认为，由于大气中含有各种正负离子，所以大地具有微弱导电性。当大气中的气体分子受到来自太空的宇宙射线和地球本身的放射性元素射线的撞击，结果使这些气体离子带电。地震区常会有以氡为主要成分的放射性物质，地壳震动把它抖入大气中，特别是在含有较多放射性物质的中、酸性岩石分布区和断层附近。大气中的氡含量将显著提高，这也将使大气离子导电性增强。这时如果地面有一个天然电场，那么就会向空中大规模放电，使地光闪烁起来。

我国地震工作者在研究了辽宁海城地震以后，发现震前氡含量明显增加，大气中电离子也明显增加，在震区上空形成电荷密集区。大气的导电率增加以后，在地面电场作用下便可能发生放电发光现象，大面积放电和氡蜕变放出的射线都可能产生荧光，使日光灯管闪亮。

这个低空大气发光理论，是目前比较成立的假说。不过，也有人认为日光灯管发亮的原因与地震时的高频地震波有关。

此外，最近又有人提出，黏土矿物也是地光的光源之一；还有人重新提出岩块摩擦生热与地光的关系，并考虑了电场的形成。这些观点也都不能圆满地解释地光的成因。

从现有资料看，地光是地震时有着多种成因的发光现象的总称。要想彻底揭开它的形成之谜，就必须加强对地光的科学观察，特别是要用现代的先进技术装备，及时地捕捉有关地光的各种信号，并仔细地区分不同类型，最后终将洞悉地光的秘密。

中国地球物理学家郭自强最近通过岩石压裂实验研究，得知岩石在受到压力发生破裂时，会放出强烈的电子流。地震发生之前，岩石受到地壳应力作用而破裂，也会产生强电子流，这些电子流可以通过地壳裂缝进入大气，使空气分子电离而产生地光。这是目前世界上对地光的最新解释。

7. 地震和云彩有关系吗

1663 年，《德隆县志》上有这样一段文字："天晴日暖，碧空晴净，忽见黑云如缕，婉如长蛇，久而不散，势必地震。"可见 300 多年以前，我国古人就将云和地震联系在一起了。

那么，地震云真的能预报地震吗？请看下面的事例：

1978 年 3 月 6 日，日本国奈良市市长健田忠三朗在举行记者招待会时，他指着北方天空里的一缕云说："这就是地震云。不久将会有一次影响日本广大地区的强烈地震。"就在第二天，靠近日本的大海里果然发生了一次 7.0 级地震。也是利用地震云预报这次地震的还有我国中科院物理研究所的地震学家吕大炯。他在 1978 年 3 月 3

日早晨，于北京中关村上空也观测到了条带状云彩，再根据地应力和地电异常的情况，预报了震中将发生在地震云垂线所指的方向，即日本海之中。其预报时间和地震发生时间仅差 48 分钟，其准确度令人惊叹。1978 年 4 月 8 日，吕大炯在北京通县又观察到地震云，做出了 "4 月 12 日在阿留申群岛附近将发生地震" 的预报，结果 4 月 12 日在阿留申群岛以东的阿拉斯加地区果然发生了 7.0 级地震。

1979 年 7 月 4 日凌晨五六时左右，住在北京饭店一套高级客房内的日本奈良市市长健田忠三朗忽然发现天上东南方向横亘了一条较长的白色条带状的云带。这位业余地震云研究者立即通告中国有关方面，作出了近期将要发生地震，但北京不会受其影响的预报。与此同时，在日本的一些地震云研究者在不同的地点也观测到地震云，而地震云垂线的交点正交会在我国溧阳地区。一连几天，我国各地的地震观测站测到的地电、电磁都发生强烈异常现象，有些中国的地震工作者在 7 月 2 日、4 日、5 日也都观测到长条状云带……7 月 9 日晚，江苏溧阳果然发生了 6 级地震。

那么，以上这些事例仅仅是一种巧合吗？如果不是，那么地震与天上的云彩有什么关系呢？地震云与普通云彩又有什么区别呢？地震云又是怎样形成的呢？

据史料记载及人们的观察，地震云多呈带状，似龙，似蛇，或似草绳，或呈辐射状、肋骨状。其颜色有白色、灰色、铁灰、橘黄、橙红等。

关于地震云的成因，人们做了种种推测：

日本九州大学真锅大觉认为：由于地震之前地热的增高，加热空气，使之上升扩散到同温层，在 1000 米高空形成细长的稻草绳状的云带。但是持否定意见的科学家认为同温层的高度至少在 1 万米以上，一般上升气流不易达到。而且强烈对流上升的气流一般是蘑菇状云彩，不可能沿水平展开成长条状，也无法解释地震云的垂线方向能指示震中的道理。而我国的吕大炯等人认为：由于断裂带产生热量，可以以超高频或红外辐射的形式来加热上空的空气微粒，形成条带状地震云。由于断裂带大多垂直于震中的震波传递方向，所以，由此产生的条带状云也是垂直于来自震中的震波传递方向的。尽管这种解释比真锅大党完善，但仍有很大的臆想性。因为至今尚未获得确切的数据，如断裂带上应力在震前究竟增加了多少，达到什么程度才会产生地震云等。

此外，还有一些学者提出断裂带中可能会有大量高能带电粒子溢出，或者震源在震前形成的静电场使得高空形成条带状地震云……这些推测还都是一种假说，有待证实。人们期待着这些谜能早日揭开，对地震这一灾害能防患于未然。

8. 动物对地震的预报

地震即地动，它像狂风暴雨一样，是一种自然现象。地震会给人类带来灾难。据统计，全世界每年要发生 *500* 多万次地震，其中，破坏性的地震大约有 *1000* 次左右。为了避免或减少这种灾难，做好地震的预测预报工作是极为重要的。

能预报地震的动物。人们在长期报震、抗震工作中，已经观察到许多动物在震前有种种异常反应：畜不进圈狗狂叫，冬眠蛇出老鼠闹，鸭不下水鸡上树，蜜蜂飞迁鱼上跳，鹦鹉撞笼鸽惊飞，狮虎哀吼狼悲嚎等等。我国邢台地区人民通过对预测预报地震的实践，还编成这样的谚语："鸡在窝里闹，猪在圈里跳，羊跑狗也叫，地震快来到。"

从大量地震资料来看，已知地震前有异常反应的动物约有近 *100*

种，包括昆虫、鱼类、蛙、蛇、鸟类、兽类和家禽家畜。其中以狗、鱼、猫、鸡、鸟和猪等反应最为明显。

1969 年 7 月 18 日 13 时 24 分，我国渤海发生了一次 7.4 级地震。在震前，天津市人民公园的工作人员观察到许多动物的行为都出现了异常反应，就连平时逗人喜爱的大熊猫也躺在地上，抱头怪叫，唤它也不起，检查却无病。根据这些异常反应，公园地震预报小组在当天 11 时 10 分向天津市防震办公室报告"可能要发生大地震"的预报。果然不出所料，两小时以后发生了地震，天津市地动房摇。

1975 年 2 月 4 日，海城、营口发生了 7.3 级地震。震前一段时间，尽管天气寒冷，冬眠的蟒蛇仍爬出洞来，它们一出洞口就冻僵了。此外，青蛙、泥鳅等冬眠动物的提前苏醒，可能与震前地温的局部升高有关。

1976 年 7 月 28 日 3 时，河北省唐山、丰南一带发生 7.8 级强烈地震。震前的动物异常反应与历次大震一样，也是十分普遍而强烈的，特别在临震前几个小时更为明显。

日本是个多火山多地震的国家，科学家发现深海鱼类的异常行为预示着地震即将来临。早在 1923 年夏天，一位秘鲁的鱼类学家在日本的叶山沿海，发现了一种仅栖息在深海中的胡须鱼上浮，这是一种异常现象。果真事隔一天，发生了关东大地震。1963 年 11 月 11 日清晨，日本新岛的渔民捕到一条长 2 米的深海鱼，电视台记者为采访这条新闻，邀请正在研究地震前深海鱼反常行为的末广教授，希望他一同乘坐直升飞机前往现场。当时，末广教授有课不能前去，在同记者分别时他开玩笑说："请多加小心，不久将有地震发生。"谁知，事隔两天，在新岛附近真的地震了。

狗，可能是因为它具有特别灵敏的嗅觉，所以被列为震前反应最明显的动物。在云南通海地区一次地震前夕，山区一户人家 4 个人围坐一桌，正在兴致勃勃地玩扑克牌。突然，从大门外跑进来一只狗，对着主人叫个不停，主人只顾打牌，不予理睬。狗可急了，上去咬住主人的衣服不放，还把他往门外拖。主人觉得这只狗不识时务，大煞风景，于是将它赶出大门外。可是他刚坐下打牌，狗又奔了进来，仍然是咬着衣服拼命将主人拖着往外跑。这时，主人恼火了，站起来对准狗乱打乱踢，赶着一起冲出大门。这当儿，突然一阵轰响，大地颤抖，房屋倒塌，留在屋内的那3个人都被压死，唯独他保全了生命。唐山大地震前，有个农户家的一只狼狗当晚咬了主人，不让他睡觉。主人将狗打跑，刚睡下，狗又来乱咬。他又气又惊，就下床打狗，边追边打，刚出大门，地震发生了。1973年7月23日，当时的捷克斯洛伐克斯皮可埃市地震前，有个女职员睡得很熟，被狗吵醒。狗舔主人的脸，咬睡衣，将她拽下床来。她开了门，狗咬着主人的睡衣朝外跑，刚踏上人行道，地震发生了。从这三个例子可以看出，狗不仅是出色的活报震仪，而且在地震灾害中有救主有功。

　　动物为什么会预报地震？地震是地球内部巨大的能量释放现象之一。有人曾做过计算，一次7级地震释放出来的能量，相当于20多枚2万吨级原子弹释放的能量。所以在震前必然有各种物理、化学和气象等变化，如地热、地电、地磁、光、声、气候、地下水化学成分都会有一定的局部变化。这些变化，即使是非常轻微的，但一些动物却具有十分敏锐的感受力，于是引起它们生理上和行为上的反应，这就是动物在震前的异常行为。

　　目前，人们虽然已经知道有些动物能预报地震，但是对于它们预报地震的机理还没有完全弄清楚。据上海师范大学动物学家虞快教授介绍，科学上有以下三点解释和推测：

　　第一，对超声波和次声波的感受。鱼类和其他一些水生动物能感受到人所不能感受到的超声波和次声波。一般人所能感受到的声波范围为 16～2 万赫，小孩可以达到 2.2 万赫，高于或低于这个声波范围就不能感受到。鱼类内耳和身体两侧有侧线感受器，这是一种机械感受器，能感受 1～25 赫的次声波（频率低于 20 赫的声波），即使对水流压力的微小变化或微弱的水流波动也很敏感；水母（海蜇）的伞体边缘有感觉球，能感受 8～13 赫的次声波。漂浮在水面上的水母，能在暴风到来之前，感受到由于流动的空气与波浪摩擦而产生的次声波，因此及时离开浅海，避免被巨浪砸碎的灾难；在海洋中的海豚，能感受 50～10 万赫的声波，又具有完善的声纳系统。因此，它能利用超声波（频率高于 2 万赫的声波）正确地追踪数千米以外的鱼群，并能分辨出种类。由此可见，鱼类和其他一些水生动物在震前出现异常反应的原因，很可能是与强震前有次声波和超声波发生有关。

第二，对热的变化的高度敏感。在地震前，穴居动物都有明显的异常反应。例如，蛇类具有颊窝或感觉小窝，窝内的感觉细胞对"热"极为敏感。有人用南美洲的蟒蛇做过试验，在波长为 10600 纳米的红外线下，热量在每平方厘米 0.084 焦时，蟒蛇就有热感觉反应。由此推测，蛇在震前的异常反应，可能与地热变化有关。

第三，对微弱的机械振动的感受。家禽和鸟类的腿部具有微小的感振小体，它们凭此能感受到枝头或地面上十分微弱的机械振动（几十至一二千赫）。中国科学院生物物理研究所曾做过这样的试验：用 100 只家鸽分作两组，每组 50 只，将其中一组家鸽的感振小体与中枢神经之间相联系的神经切断。结果在一次 4 级多的地震前，切断神经的一组家鸽基本上安静如常，而另一对照组家鸽都惊飞了。这说明家鸽的感振小体能感受到震前的波动。在强震前，猪、牛、羊等家畜普遍出现异常反应的原因，可能与它们的腿部、趾部和腹

83

部肠系膜等部位分布着大量对感受机械振动非常敏感的环层小体有关。

此外，蝙蝠能感受 1500 ~ 15 万赫声波。它的超声定位系统极为优越，不仅分辨率高，而且抗干扰性强，能从比信号高出 200 倍的噪声背景中接收小昆虫身上反射回来的信号。因此，蝙蝠在地震前迁飞是与感受超声波有关的。

根据柏林弗里大学赫尔穆特·特里布楚教授测定，来自地面的充电离子释放，引起"先地震"，使狗、猪、鸟和其他动物出现紧张不安情绪。这就是人们在地震前所经常观察到的动物异常行为。

那么，人类能否预感地震呢？在很长一段时间内，不少科学家认为人类没有动物那样预感地震的本领，只有动物才能感觉人类视为"静止"的震前外界变化。后来，美国加利福尼亚州的一位科学家首先提出，人类也能够像一些动物那样，在地震前的短时间内，表现出异常行为。例如在旧金山海湾地区，那里的居民在地震前 72 小时内，出现烦躁、易怒、头昏眼花、头痛、恶心等征兆。由于每个人的生理机能和心理状况不同，所出现的征兆也有差异。

不久前，美国蒂姆研究所的生物学家马沙、亚当斯，根据人类在地震前的异常行为分析，在 8 天内预报地震的准确性可以达到 80%. 亚当斯把人在地震前的异常行为，是地磁场的改变影响到人体的结果。

进一步探索动物报震对预防地震将有很大的作用。首先，在从事动物报震工作中要分清动物的异常行为是地震预兆还是其他因素所引起的，否则就会造成错误报震。因为自然现象是非常复杂的，一些非地震预兆的环境条件变化，也会促使动物产生异常行为，而且往往与动物震前出现的异常反应相似。例如，天气闷热，雷雨之前，由于气压低，湿度大，水中溶解的氧气减少，鱼儿就会泛塘，蜻蜓和蚊子聚群飞行，蚂蚁也忙于向高处搬家，表现出异常行为。又如狂风暴雨到来之前，大群海鸟会向着陆地飞行，许多鱼儿结群上浮，深海鱼类游到浅海甚至上浮到水的表层，连鲸类也会群集在海面。再如饲养条件的改变，包括兽舍的改变，饲养员的调换，饲料种类的更换，往往也会使动物出现各种异常反应。此外，动物在繁殖季节里，由于本身的生理变化，也会表现出行为失常。猪、马、牛、羊等发情时，常常出现烦躁不安，胃口不佳，相互追逐的情况；狗在发情期有嚎哭的现象；猫在发情期则往往叫个不停；鱼儿会进行生殖回游等。这些异常行为，都与地震没有关系。

其次，在地震以前有异常行为的动物，开始时往往是个别种类和少数动物，而且还会受到动物个体差异的影响。在同类同种动物中会出现无异常反应、异常反应不明显和明显三种情况，这对动物报震工作同样会带来困难。所以必须密切注意动物出现异常反应的种类、数量、涉及的范围以及异常反应的程度。因为没有一定数量就不可能做出正确的判断。

再次，利用动物预报地震是一项新的研究课题，动物行为的变化与地震之间的联系，目前知道的还不多，必须在今后防震、抗震工作中进一步探索。土耳其"爱猫者协会"的专家们发现，猫的脚掌能感受最轻微的震动，可比人类和一般动物早知地震的来临，而猫的嗅觉和听觉也相当敏锐，所以一些学者已将猫的"第六感觉"（包括猫预报地震）列为研究专题。日本科学家根据民间"鲶鱼翻身是地震前的征兆"的传说，进行了长期观察后发现，此鱼对轻微震动的感受极为灵敏，而地震前所引起的微弱电流的变化，也能被鲶鱼特别灵敏的感受器感觉到。所以日本很多地方都饲养着鲶鱼，作为一种活的"报震仪"，随时观察它的一举一动。另外，日本农林省还号召多震地区的人们饲养一种白色的鱼，它有感知微小震动的特殊本领——震前几小时在水中惊恐地东窜西撞，预示地震即将来临。邢台地震以后，我国对该地区的狗、鼠、猪、鸡、鸽子、泥鳅、黄鳝、鲫鱼、蚂蟥等10多种动物进行了长期的系统的研究，着重观察动物反应的指标，例如鸽子的惊飞反应，猫的日呼吸频率曲线的变化和行为异常反应等等，从中总结出了规律，取得了一些经验。运用这些经验，曾对范围50千米以内、震级为3~5级的地震进行了多次较好的预报。

9. 热异常是地震的前兆吗

1976年7月28日唐山大地震前，北京等地天气异常炎热。从我国历次地震来看，震前天气突然变热（无论春、夏、秋、冬）是一个比较突出、普遍的现象。请看以下的例子：

1679年9月2日，河北三河、平谷8级大震前，天气特别炎热；虽然是9月了，但还是炎热难耐。

1925年3月16日，大理地震前，黄雾四塞，久旱不雨，晚不生寒，朝不见露，形成典型的干、热、阴霾的天气。

1933年，四川省叠溪大地震，也有这样的记载："连日皆极晴朗炎热，震前尤甚，下午二时半地震。夜间气象陡变，狂风大作，暴雨忽来，十时许地忽又大动。"

1966年3月8日河北邢台地震。震区地面解冻早，返潮春天来得早。气象资料记载，震前数日，日平均气温从－13℃上升到12℃，升高达25℃。

1969年7月26日，广东阳江地震。震前几天，当地气候很特殊，天气特别闷热，人感不适。

1970年1月5日，云南通海地震。二月是全年气温最低的月份，但地震前几天，天气变热；临震前夜里感到特别闷热，不少人睡不着，风吹到脸上感到有热气。

1973年2月6日，四川炉霍地震。地震前出现的近日最高温，比历年同期都高。

1974年5月1日，永善地震。地震前几天特别闷热，比6月份还热。

我国夏季，常为温暖湿润的海洋性气团所控制。震前的"热异常"促进了对流作用的加强，伴随而来的常是倾盆大雨，大雨过后天气更热，震前达到高潮。1976年唐山大地震后，北京、天津等地就降了倾盆大雨，过后又发生强烈余震。春、秋两季，热异常往往引起阴雨连绵或久旱不雨，视地区不同而异。

有人发现气压变化越大时，地震的次数越多，而山区在气压下降时发生地震的比例较大。

"冷热交错，地震发作"、"久晴动，久阴动"、"早震晴，晚震阴"等谚语，都说明了天气变化与地震的关系。天气变化时，可能是大气对地壳各处压力不均，促进快要发生地震地区的断裂活动的加剧；或者是地壳的即将断裂释放出热量使天气变热。历史上还常有大旱大涝后发生地震的情况，这可能是地下水的多少发生变化，破坏原来的平衡，触发了地震。

地震与天气的变化确有关系，但具体有多大关系，有什么规律，还有待进一步的研究。

10. 历史上的特大地震

葡萄牙里斯本大地震

葡萄牙首都里斯本是一座美丽的海滨城市，它位于横贯全国的特茹河入海口，整个城市坐落在7座小山上。市区中雄伟的教堂依山而建，繁华的街道上商店林立，人群熙熙攘攘，到处都呈现出一派大都市的繁华景象。

1755年11月2日，星期六，这是一个不寻常的日子，是基督教的万圣节。上午9点多钟，成千上万的圣徒们聚集在市区内的6座大教堂里虔诚地向上帝膜拜，悠扬的钟声和祈祷声不绝于耳。突然，大地像波涛中的轮船一样不停地晃动起来，里斯本发生了7.8级的破坏性大地震。

伴随着地面的颤抖，从地下传来雷鸣般的响声。教堂和其他建筑物开始倒塌，圣·维森特大教堂中的600多名圣徒几乎全部遇难；圣·卡塔里纳教堂砸死了400人，圣·保罗教堂砸死了300人；整个市区2万多座建筑物中有1.7万座变成了废墟。几分钟内就有大约3万人被夺去生命。侥幸从屋里跑出来的人们，都被眼前的情景吓呆了，不知如何是好。一些上了年纪的人跪倒在大教堂广场上，祈求上帝的怜悯，拯救受苦受难的人们。

在大约15分钟的大震过后，地面仍然像痉挛似地颤抖着，许多人拥上大街，向宽阔的海岸跑去，以为那里一定是躲避房倒屋塌的好地方。然而，他们万万没有想到，被地震搅起的海水正像恶狼一样向人们扑来。一位幸存者在海啸中死里逃生，他在事后回忆道："突然，海边一片惊呼声：'海水上岸了，我们全完了！'我转向大海，看见海水飞速向岸边涌来，这种速度是任何狂风的力量所达不到的。一瞬间，一团巨大的浪涛像山峰一样带着响声冲上岸来，泡沫四溅。许多人被卷走了，更多的人陷在齐腰深的水里，其余的人如丧家之犬一样疯狂地逃走。"

在地震掀起的滚滚烟尘中，教堂里的蜡烛和居民家里的炉子在许多地方引起大火。无情的烈焰烧毁了商店里的货物，档案馆里的珍贵资料，华丽的歌剧院和富丽堂皇的皇宫。许多人虽然从倒塌的建筑物和凶猛的海啸中死里逃生，却死于浓烟的窒息和烈火的焚烧。大火一直燃烧了 7 个昼夜，遍体鳞伤的里斯本最终毁灭于大火。

深爱着臣民的年轻国王约瑟夫为民着想，在震后实行埋葬死者和赈济灾民的政策，不但在一周内全部埋了死者，而且使幸存的 20 万人免遭饥饿。朝廷用 15 年时间重建了里斯本，拆除了破旧的平房，拓宽了原有的街道，使一座新的里斯本重新屹立在大西洋东岸。

智利大地震

智利位于南美洲的西岸，整个国家沿海岸呈南北向的条带状分布，绵延长达 4000 余千米。这里风景优美，物产丰富，但也是地震多发的国家。据统计，全世界每年记录的近万次地震有 21% 发生在这里（绝大多数是非破坏性地震）。1939 年 1 月 24 日发生的大地震给智利带来了一场巨大的灾难。

午夜时分，古城奇廉还沉浸在一片喧闹的夜生活之中。奇廉国立戏院内 300 多个座位全部满员，人们正在观看一部新公映的电影。然而，他们做梦也不会想到，夜里 11 点 35 分，戏院的天棚和四壁在地壳的颤动中突然向他们砸来，所有的人甚至来不及叫一声便被掩埋在瓦砾中。

奇廉，这个有 5 万人口的城镇损失最为惨重。由于街道狭窄弯曲，加之房屋低小零乱，使得发震后全城到处都是一片废墟，几乎无路可走，给救援带来极大的困难。大约有 1 万人死亡，两万人受伤。

在距首都圣地亚哥 400 千米的省城康塞普西翁，情况也同样严重。有 75% 的建筑被毁，地震将上万名矿工封在井下，15 座天主教堂被夷为平地，死伤近 5 万人。

地震过后，震区的气候极不正常，不但温度很高，而且烈日当空，灼热的阳光照在无数的尸体上，散发着难闻的气味。人们心里明白，如果不采取紧急措施，瘟疫很快会夺走幸存者的生命。由于地震将铁路、公路交通全部破坏，大批救援人员被阻滞在城外，政府电令奇廉和康塞普西翁两市居民想尽一切办法迅速撤离灾区。留在市区的少量士兵和救护人员因无水和没有饮食，也处在极其困难的境地。据《纽约时报》报道："可怜的士兵和救护人员在酷热的太阳下一刻不停地掩埋尸体，救护伤员，从建筑废墟中营救幸存者，可他们连足够的水也喝不到。"

真是福无双至，祸不单行，自然它那强大的威力戏弄着渺小的人类。烈日之后紧接着是一场强大的暴风雨。肆虐的狂风卷走了临时搭起的帐篷，冰凉的暴雨抽打在人们身上，灾民们再一次陷入了无家可归的境地。漆黑的夜色里，人们在刺骨的寒风中蜷缩着身体，有人从此再也没有站起来。

这次大地震使智利中部富庶的产粮区受到极大损失，工业也一度陷入瘫痪状态，多年后人们才从地震的阴影中走出来。

日本关东大地震

日本国以略呈弧形的岛屿遍布在亚洲大陆的东南外缘，以多地震而著称于世，每年发生地震千余次，被称为"地震列岛"。

1923 年 9 月 1 日正午时分，天气晴朗，艳阳高照，在从东京到横滨 28 千米范围内的都市区中，人们和往常一样紧张地忙碌着。职员和工人们陆续走向餐馆和食堂，准备享受美味的午餐；年轻的家庭主妇们早已做好了饭，等待着从学校归来的孩子们。生活平静得令人毫无警觉，谁也没有想到魔鬼正从地下深处袭来。

11 时 58 分，东京南部 90 千米处的相漠湾海底突然发生 8.3 级强烈地震，地震和它所引发的海啸袭击了日本关东平原地区。首都东京和最大的港口城市横滨损失最为惨重。在第一次震动过去 24 小时之后，又发生了一次强烈余震，随后的一周余震不断，大约有几百次之多。

伴随着大地的抖动，惊慌的人们冲向大街，顿时，马路上被挤得水泄不通。在无奈无助的惊恐中，人们拼命地寻找避难场所，你推我挤，东倒西歪，互相践踏，哭喊声、叫骂声响成一片。可是整个城市里哪儿还有可躲避的地方呢。

倒塌的建筑造成了几万人的死亡，但随之而来的一场大火又上演了一幕更惨烈的悲剧。

由于日本关东地区素来多地震，加之当时的经济条件所限，房屋多为木质结构，恰逢发震时又正当做午饭的时候，所以，漫天大火瞬间而起，整个东京陷入一片火海之中。大火初起时，消防人员和一些居民还试图将火扑灭，但地震已将所有的供水管道破坏殆尽，人们只能望火兴叹。《日本纪事报》的一位记者描写道："人们虽然逃离了震魔，又遇上了火妖。他们倒在地上，浑身都是火烫的血泡。比起那些被烧得只剩一把灰的人来说，他们也许是幸运的。那一堆堆、一片片灰烬，究竟包含着多少生命呢？没有人知道。数不清的人被火烧死，发出的恶臭，几十里外都可闻见，特别在运河一带，数百名逃生者被烧死在那儿。"

夜幕被熊熊烈火撕毁，天空一片猩红色，如此巨大的火灾前所未有，一切都在炽热的烈火中毁灭。东京城中的 15 家医院只有一家幸存，其余的 14 家全被大火烧毁；著名的皇家大学图书馆的所有珍藏书刊和文件烟飞灰灭，荡然无存。在这次地震和大火中有 30 万幢建筑倒塌，近 5 万人死亡，10 万人受伤，几十万人无家可归。东京像受了重伤的巨人，倒在大地上，奄奄一息。

离东京 28 千米远的横滨市，也遭到了同样的厄运。这个当时有 50 万人口的港口城市，曾被称为"外国人的乐园"、"充满异国情调的不夜港"和"日本富商的花园式胜地"。但是，无情的地震和大火毁灭了这里的一切。整个城市变成了无法辨认的废墟，码头和港口全部被破坏。街路上的巨大裂缝像恶魔的嘴一样大张着，可以吞下卡车。被火烧焦的尸体一堆堆到处可见。

在浓烈的大火中，有几千人被围困在低洼的滨水商业区，许多人跳进了公园的水池里，有人在拥挤中被淹死，当时的情景惨不忍睹。

灾难夺走了横滨市 10 万人的生命，其中有 4300 人下落不明，10 万人受重伤，许多人无家可归。有 6 万幢房屋在地震中倒塌或被大火烧毁。

日本关东大地震发生后，日本人民依靠其非凡的献身精神开始重建家园。经过几十年的奋斗，首都东京和横滨市比灾前更加美丽壮观。但是，当今的地震学家们仍然把东京作为地震危险区，认为与关东大地震一样强烈的地震还会光临东京至大阪之间。这不能不让该地区的人们提心吊胆，担心历史的悲剧重演。

日本经济实力雄厚，大都市中高楼林立。虽然他们有较强的抗震技术和方法，但眼望那一座座摩天大楼，仍然使人心生疑惧。东京的阳光公寓有 60 层，200 多米高，为亚洲之冠，如果它一旦倒塌，那情景实在是让人不敢想象。

为了防御地震的突然袭击，在最大程度上减轻地震及次生灾害所造成的损失，日本制订了相关的国家和地方法规，用以教育和规范人们的行为。1983 年 4 月 3 日，日本举行了有 1600 万人参加的大规模地震预警演习。人们在志愿者的疏导下，有秩序地从建筑物中和危险地带撤离到指定的安全区域。大街上的宣传画给人们留下了深刻的印象，上面是燃烧着熊熊烈火的街道上，站着一个泪流满面的小姑娘，下面用醒目的红字写着："60 年前的这一景象，可能在明天重演"。

时间可能会洗去人们许多的记忆，但是，日本人民永远也不会忘记那场可怕的关东大地震，永远为那些在地震中死去的兄弟姐妹和父老乡亲祈祷和默哀。

11. 黄土高原形成之谜

我国是世界上黄土分布最广的国家，而黄土最集中、最典型的分布区就在黄土高原。

黄土高原东起太行山脉，西至祁连山东麓的日月山，北抵长城，南达秦岭山脉，面积约 *40* 万平方千米，包括山西、陕西和宁夏的大部分地区，甘肃、青海和河南的一部分地区。黄土厚度一般为 *80 ~ 120* 米，最大厚度可达 *180 ~ 220* 米。黄土多呈灰黄色、棕黄色和棕红色，抵抗侵蚀能力很弱。

黄土高原是怎样形成的呢?

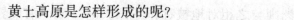

一种认为是这一地区盛行的偏北风把新疆、宁夏北部、内蒙乃至远在中亚沙漠中的大量粉沙刮到黄土高原地区堆积下来，因为黄土高原与黄土底部基岩成分不一样。黄土下部地貌形态多样，起伏比较大，但上部沉积黄土厚度大体相近似，并有从东到西逐渐变薄的趋势，同黄土来源于西部的方向是一致的。这说明黄土是从别处搬过来的。

但有不少科学家发现，黄土层的底部有一个砾石层，而这浑圆的砾石层却是典型的河流沉积物。于是他们认为，这些黄土的原籍在黄河的上源，是河流把黄土冲刷下来形成的。

还有一种观点认为黄土既不是风成的，也不是水成的，它是在原来的基础上不断风化形成的，是土生土长的。

也有一种综合性观点，认为黄土高原的黄土既来自西北、中亚，由大风刮来，又有绵绵流动的河流携带而来，还有本地土生土长的基岩上风化的，是在这三种力的共同作用下形成黄土高原的。

至今人们对黄土高原上黄土的来源还争论不休。希望有一天研究者们能给人们一个满意的答案。

12. 神秘的"未知大陆"

1492 年，哥伦布出海航行去寻找传说中的黄金国——印度。他没有找到印度，却发现了一块全新的大陆。在想印度都快想疯了的哥伦布眼里，它必然是印度，是充满香料、财宝的富庶之国，大陆上的居民自然被称为印度人。但是哥伦布做梦也没想到这是一块尚未为欧洲人发现的大陆，它既不是印度也不是中国，而是美洲大陆。在欧洲人弄明白之后，这块新发现的大陆就被称作"新大陆"或"新世界"，而欧洲则与之相对地被称作"旧大陆"或"旧世界"。哥伦布的发现在西方引起了巨大的反响，许多航海探险家跃跃欲试，他们认为，除了哥伦布发现的"新大陆"之外，还有一块巨大的"未知的南方大陆"。

1572 年，西班牙著名航海家胡安·费尔南德斯在智利海岸边发现了三座无人居住的小岛。他以自己的名字给这一群小岛命了名，这就是智利的胡安·费尔南德斯群岛。

胡安·费尔南德斯的发现虽然不大，但却增强了他航海探险的信心。6 年后，他又扬帆前往东南太平洋去探险，希望能发现他的前辈和同时代的人寻找了多年的"未知的南方大陆"。

胡安·费尔南德斯的航线和 6 年前一样，仍沿着南美洲的海岸往南航行。谁知，茫茫大海戏弄着胡安的船只，骤然而起的风暴把他们吹离了南美沿岸，探险船像一叶浮萍似的随风向西漂去。

许多天过后，海风把胡安探险队送到一块辽阔的土地附近。这是什么地方啊？水量丰沛的河流浇灌着土地，面庞白皙的居民衣着十分讲究，举止神情同智利人和秘鲁人都迥然不同。胡安·费尔南德斯高兴极了，认为这就是他那些不幸的前辈和倒霉的同代人所朝思暮想的南方大陆。遗憾的是，他没有登上这块新发现的土地就匆匆返航了。

回国之后，胡安·费尔南德斯立即着手做全面的准备，打算率领一支探险队再度驶往"未知的南方大陆"，进行一次规模巨大的详细考察。为了保持自己对这一"神秘大陆"的发现权，他一直守口如瓶，没有对外透露过自己这一惊人的发现。可是，胡安的准备工作还未完成，他就猝然死去了，世人也不知道他的这个发现，他也始终没有成为哥伦布第二。直到几十年之后，人们才知道这个西班牙航海家的发现。

胡安·费尔南德斯真的发现了"南方大陆"吗？

答案是否定的。

那么他发现的是什么地方呢？

有人说就是今天位于南太平洋海域，纬度为南纬 30 度的复活节岛，但至今那些人还拿不出令人信服的确凿证据。

16 世纪的西班牙编年史中曾记载着航海家阿列瓦莱·孟达尼·杰·涅依拉在南太平洋发现了复活节岛，但这功劳不算他的，因为没有确实的证据能证明复活节岛是他发现的。

过了 109 年后，即 1687 年，著名的英国大海盗爱德华·戴维斯奉英国女皇的命令，驾驶着"孤独者幸福"号三桅巡洋舰，前往南太平洋寻找"未知的南方大陆"。他首先到达了海盗们最喜欢停留的太平洋的天然避难所加拉帕戈斯群岛，然后掉转船头向南驶去。在南纬 12 度 30 分，距南美海岸 150 里格处，"孤独者幸福"号突然剧烈地震荡起来。原来美洲大陆的秘鲁沿岸发生了大地震，引起了海面剧烈震荡。这次地震摧毁了秘鲁的卡亚俄城。戴维斯惊吓过后，赶快驾驶着他的"孤独者幸福"号向西南驶去。

一天凌晨，离天亮还有两个小时，"孤独者幸福"号突然触到了低低的海岸，熟睡的船员们被震耳欲聋的响声惊醒，纷纷跑出船舱。他们担心船被海浪抛到岸上搁浅，坚决要求戴维斯掉转船头驶到海上，等候天亮。戴维斯只好同意了。

早晨太阳出来后，展现在"孤独者幸福"号船员们面前的却是一片陆地！一座低矮平坦的岛屿！航海长利奥涅列·瓦依费尔详细描写了这个未知的海岛：

"我们离岛有四分之三里格。由于早上十分晴朗，没有雾或烟，我们可以清楚地看到岛上的一切。在西边大约 12 里格处，我们看到了一连串高高的丘陵，土地向前延伸了 14～15 里格，我们看到岸上有许多鸟类的羽毛。

我多么想上岸看看啊，但船长却怎么也不同意，太遗憾了。这个岛在卡亚俄城以西 5000 里格处，距加拉帕戈斯有 6000 里格。"

胡安和戴维斯都声称他们发现了"未知的南方大陆"，但人们都不相信。于是，更多的人们前往南太平洋，寻找这一神秘的"未知大陆"。

1722 年 4 月 5 日，荷兰的著名海军上将雅各布·罗格文率领一支分舰队在胡安与戴维斯所到过的海域里寻觅所谓的"南方大陆"。

当时，他们正航行在一望无际的大洋上，负责瞭望的水手突然发现远方的海面上有一个绿点，看上去像是陆地，他立即向舰长罗格文汇报。罗格文听到后惊奇不已，因为海图上标明这里没有任何陆地。罗格文立即命令船只驶向那里。待船只驶近后，他看到这确实是一个岛屿，于是便在海图上用墨笔记下了一个点，并在黑点旁边记上"复活节岛",因为那天正好是复活节。他可能不知道,他是在给世界上最令人困惑的一个岛屿命名。

这是一个三角形的岛屿,面积不大,还不到 120 平方千米。既没有一条河流,也没有任何树木,只有荒草在地上生长着,篙鼠是该岛唯一的野生动物。

罗格文一行一踏上这个小岛,就被眼前的景象惊得目瞪口呆了。岛上山峦起伏,层峦叠嶂,拉诺·洛拉科火山的身影在蔚蓝的天幕上显得雄伟挺拔。岛上有许多石头块砌成的墙壁、台阶和庙宇。在该岛的南部,他们看到了一个巨大石墙的残迹,石墙的后面耸立着几百尊气势恢宏、撼人心魄的巨大石像。这些巨大的石像面朝大海,排列在海岸边,上面还刻着人物和飞禽的花纹。这些石头人站立在巨大的石头平台上,脸部的表情十分生动,有的安详端庄,有的怒目而视,有的似乎在沉思默想,也有的满脸横肉,杀气腾腾。在拉诺·洛拉科火山坡上,罗格文他们也看到许多这样巨大的石像。

这些石像至少有 10 米高,都是用整块石头雕成的。有的石像头上还戴着巨大的石头帽子,耳部有长长的耳垂。

罗格文总共发现了 500 多尊石像,此外,在拉诺·洛拉科火山口的碎石堆里,还躺着 150 尊未完成的雕像。那里还有石镑、石斧和石凿等石制工具。

罗格文海军上将认为这座小岛不是"未知的南方大陆",也不是其他探险家们(胡安、戴维斯等)所看到的小岛,而是一个新发现的岛屿。他召集全体人员开了一个会,拟定了一个宣布发现一块新土地的决议,分舰队所有的舰长都在这一文件上签了字。就这样,复活节岛被人发现,开始为外人所知了。

荷兰的舰队司令罗格文最先发现了复活节岛,但是有关复活节岛的准确海图还没有。英国航海冒险家詹姆斯·库克希望找到这座岛屿并绘制该岛的海图。

库克率船队从新西兰出发,向东太平洋进发,于 1774 年 3 月找到了复活节岛。所有人都为找到了复活节岛而高兴,因为为了找到该岛,船长和船员们在海上航行达 3 月之久,在这 3 个月之内人们几乎没有见到一块陆地。

库克是位工作严谨的探险家,他在发现复活节岛当天的航海日志中写道:

"这是个很难加以描述的小岛,岛上居住着波利尼西亚人,他们很像我以前所访问过的其他南太平洋岛屿上的土著人。复活节岛最为知名的景观是那些巨大的古代雕像,这些用岩石雕出的石像分布在该岛沿岸各处,有些已经略有倾斜,有些已经倒在地上,每尊石像都面对海洋,令人不可思议。这些雕像过去是,今后在某种程度上也仍将是一个难解的谜。我们搞不清它们是怎么立起来的,也不知道岛上是否一度住着一种巨人,岛民们自己对这些雕像的来历知之甚少,所以我和其他人对此也只能做些猜测。"

13. 冰期的形成之谜

所谓冰期,是指地球历史上大规模的寒冷时期。在这个时期里,不仅地球的两极和高山顶上有冰川分布,就是一些纬度较低的温带地区和低矮山岭上,也分布着许多冰川。地球的历史告诉我们,全球各地在地质历史中曾发生过 3 次大冰期,即震旦纪冰期、石炭一二叠纪冰期和第四纪冰期。而每次大冰期又是由许多小冰期组成的。最近的一次大冰期是 70 万年前开始的,至今已发生过 7 次小冰期,每次持续时间为 9 万年之久,而两次冰期之间总是伴随着大约 1 万年的温暖的间冰期。

科学家们推测第七次冰期在 2 万年前已结束，我们目前正生活在第七次温暖的间冰期末尾，再过 5000 年，我们居住的地球又将进入一次小冰期。那时整个地球将重新银装素裹，全球的每个人都会生活在类似今天南极的冰天雪地之中。

面对这一预言，人们难免会问：为什么地球上会出现寒冷的冰期呢？对此，科学家提出了许多假说予以解释。

首先进行推测的是德国地质学家希辛格尔。他在 1831 年提出，第四纪冰期的出现与第三纪的造山运动有关。后人发展了他的观点，认为冰期的出现是由于造山运动所造成的海陆分布不同。在造山运动以后，地球上出现了一些高耸的大山，为山岳冰川的形成创造了条件。山的升高和冰雪堆积的增厚，还使山区附近的气候发生变化，气温下降，并逐渐扩展，影响到全球，使整个地球的平均温度下降，导致冰期出现。反之，当造山运动平静后，山地受到侵蚀，高度不断降低，海水有可能浸入大陆上被削平的低洼地区，使其成为浅海。因为海水的热容量较大，能贮存较多的热量，所以当海洋面积扩大并积蓄较多热量之后，气候开始逐渐转暖，出现了间冰期。一旦造山作用重新发生，山脉再次升高，冰期便又重新来到。

但是人们很快发现，造山运动剧烈的时期与冰期并不完全吻合。

1896 年，瑞典地球物理学家阿列尼乌斯，提出了植物可能是产生冰期的祸首。他认为空气中二氧化碳增加到现在含量（0.03%）的 2～3 倍时，地球的年平均温度就会升高 8℃～9℃。据此可以解释第三纪的温暖气候。温暖的气候和高浓度的二氧化碳含量，促使植物大量繁殖。但是，植物大量繁殖的结果，又使二氧化碳大量消耗，使其在空气中所占的比例下降。当它降低到现在含量的一半时，就会使地球的年平均温度下降 4℃～5℃，足以导致中、高纬度地区广泛发育冰川，产生冰期。冰期的出现又会减缓植物生长，从而使二氧化碳的含量逐渐恢复正常。于是气温又逐渐升高，冰川消退，出现间冰期，植物又开始繁盛起来，为另一次冰期到来准备了条件。

但是，历史上植物十分茂盛时期之后，并没有出现冰期，相反在 6~7 亿年前的古代，生物运动没有现在繁盛，却有震旦纪大冰川的出现。因此上述说法缺乏充分依据。

为了弥补这一说法的不足，有人提出了尘幔说，认为冰期是由于地球上火山的猛烈喷发，大量的火山灰尘给地球撑起了一把尘埃大伞，张起了一道尘幔，于是，阳光就再也照不到地球上了，冰期由此而生。然而，造山运动也是火山极盛时期，但并不是每次造山运动后都有冰期接踵而来。

1920 年，南斯拉夫塞尔维亚的天体物理学家米兰柯维奇提出了天文说，认为地球上所以有周期性的冷暖变化，根本原因在于地表受到的太阳光照不均匀。而造成受热不均匀，无非是地轴的偏斜，地球的颤动以及地球本身是椭圆的，在围绕太阳转动时有近日点和远日点之差……

目前这一天文假说成为当前最受拥护的冰期成因假说。但这一假说也并非完美无缺，它充其量只能解释一个大冰期中的冰期与间冰期的交替，而没能回答整个大冰期产生的原因。

近年来，在探索冰期形成机制的各种理论中，又出现了一个新的假说，认为地球冰期的发生与太阳带领它的家族通过银河旋臂的时间有关。

我们的银河系是一个漩涡状星系，它具有 4 条旋臂。根据星系旋臂形成假说，太阳及其家族在绕银河系核旋转时，每隔 2 亿多年就要通过一次旋臂，而在旋臂里星际物质比较密集。因此有人认为，当太阳通过旋臂时，大量星际尘埃的存在使星际空间的透明度减少。

太阳辐射出来的光和热受到星际尘埃的反射和折射，到达地球表面的能量有明显的削弱，就使地球的年平均温度下降，冰期发生。这一理论的重要证据是地球上 3 次大冰期发生的间隔时期，正好与通过旋臂的时间吻合。

但是，旋臂附近的星际空间是否果真有那么多星际尘埃，却是令人怀疑的。而且这一假说是建立在另一假说的基础上的。

因此，尽管人们长期以来不断地探讨冰期的成因，也有了许多科学假说，但这仍然是悬而未决的地质之谜。

14. 大陆为什么会消失

历史上有许多古老的文明不知何因而于世人面前消失，而且一个大陆也会无缘无故地消失，这些情况一直令人费解。

人类在地球上的短暂历史中历经磨难，左冲右突，艰难地生存着。但是仍然不能避免一个极有可能的大型灾害。这个时期大致在公元前 15000 年至公元前 8000 年，一个冰河期的末尾。

冰河终期的混乱和古文明的传承与消失之间，有着非常密切的关系。

好端端的大陆，怎么会突然消失？还是先看看没有消失的大陆吧！

南极大陆，可以说知道这块大陆的人很少，我们大部分人都假设这块海上的大岛，已经被冰雪封盖好几百万年了。事实上，南极大陆有一部分土地，至少在几千年前还没有成为今天的冰天雪地。我们可以用地壳移动的理论来解释为什么南极大陆的冰床的在如此短暂的时间内成为今天的形状。

地壳移动，使大块土地漂移至死亡圈，这种现象尤为明显。凡是动物大量灭绝的土地，显然都是因为纬度激烈变化的结果。

地壳移动引发的结果是异常激烈的。在对地球历史上消失的城堡以及陆地文明的种种猜测中，我们一直谈到地壳随地球内部的激烈变化而发生的强烈地震、洪水。在海洋深处，地震频繁，造成种种不可预见的海啸冲击着海岸，淹没了土地。有的地块被冲挤到比较温暖的气候带，有的则被推进到北极或南极圈内，永远被冰块所覆盖。冰块一旦融化，海平面骤然上升，所有的生物必须要适应环境，否则只有退居它处，要么就被淘汰，这也是地球进化的一部分。

博物学家兼地质学家路易·阿加西在综合各种研究成果以后，于 1837 年首先提出了冰河期的概念。这个概念一经提出，立刻引起极大的争论。随之出现了越来越多对他有利的条件，众人恍然大悟似的一下子对这个观点趋之若鹜。但至于为什么会出现这样一个使万物停滞生长的冰河期，一直没有强有力的证据支持，直至 1976 年，天文、地理、物理学家才用地球公转轨道的各种天文学特征，以及地轴的倾斜度来说明冰河期的形成。

著名物理学家爱因斯坦对这个论点也情有独钟。他对南北极地壳上厚重而分配不平均的冰块是否可以造成地壳移动曾做过专门的研究。

地球自转在重量不平的两个冰帽影响下，产生了一种离心力，而离心力的力量又传达到了坚硬的地壳上，强度不断增加，聚集到一定的力量后，便会制造出一种地壳与地球本身之间的反动，从而造成两极的地块往赤道方向移动。

地球的引力与冰河期的开始与衰退有什么关系？原来，在南北极的地块突然移向气候比较温暖的低纬度地带时，冰块迅速溶解。同样的道理，原来在温暖的低纬度地带的土地，突然之间被移至南北极地带时，气候异变，很快便钻到冰原之下了。

因此，在上一个冰河期时，北欧和北美的大部分土地，并不是因为某种神秘的因素使得天气逐渐转寒而被覆盖于厚重的冰块之下，主要还是因为当时的地块离北极圈比今天要更近，所以才冰雪遍地。仍然是基于同一道理，威斯康星和乌姆冰河期于公元前 1500 年开始融化时，并非地球天气变异，而是因为冰原移动到温暖的低纬度地带所致。

在亚特兰蒂斯岛文明时，曾有好几百万居民，并孕育出地球历史文明迄今为止的最高峰。可是它怎么会突然之间沉没于海，并且消失得无影无踪呢？看来，我们把关注的重心落在南极洲也许正是解开这样一个谜底的关键。

苦苦寻求而不得的谜底也许正好隐藏在南极洲冰原最下方的深处。

根据地震波的测定，南极冰层下隐藏着无数的南极高山，好几幅古代地图都证实，南极大陆流出的河流正是从当今已消失在冰原之下的山脉中发源而出的。这些河流我们已经从南极的罗斯海底，采集到足够的地层资料加以证明过。

地壳移动学说和安定的气候持续 10000 年以上的必要条件并不矛盾，在地壳变动之前，也就是在上一个半球冰河期末期时，南极大陆的气候应该安定地持续了 10000 年以上。而且如果当时南极大陆的纬度，如理论推测的比现在位置还要往北去 2000 英里的话，那么南极大陆的最北部应该在南纬 30 度附近，而居住其上的人应该终年沐浴在地中海或亚热带气候中才是。

地壳真的移动过吗？那失落文明的废墟真的在南极大陆的冰块之下长眠吗？人们百思不得其解。

15. 沙漠是怎样形成的

据统计，地球上沙漠面积 1535 万平方千米，占陆地的 10.3%，我国沙漠面积 116 万平方千米，占国土的 12.1%。而且这个数字还在不断增大。

那么，面积如此之大的沙漠究竟是怎样形成的呢？

传统的观念认为，沙漠是地球上干旱气候的产物。北非的撒哈拉大沙漠、澳大利亚的维多利亚大沙漠、南亚的塔尔沙漠、阿拉伯半岛的鲁卡哈里沙漠都集中在赤道南北纬 15 度 ~ 35 度间。这是因为地球自转使得这些地带长期笼罩在大气环流的下沉气流之中，气流下沉破坏了成雨的过程，形成了干旱的气候，造成了茫茫的大沙漠。

然而，这一理论并不能解释所有沙漠的成因。比如塔尔沙漠，它的上空湿润多水，而且当西南季风来临时，那里空气中的水气含量几乎可与热带雨林相比，但它的地上却是沙土遍野。美国的科研人员认为，尘埃是形成沙漠的主要原因。可大量的尘埃又缘于何处呢？有的学者指出，塔尔沙漠的尘埃最初是由人类造成的，后来沙漠又加剧了它的密度。于是有人提出，人类才是破坏生态环境、制造沙漠的真正凶手。

1957 年，考古学家在撒哈沙漠找到了 8000 年前的岩画，后来又发现了阔叶林树种和化石，证明撒哈拉沙漠的大部分地区在远古时代曾是一片植物茂盛的肥沃土地。后来，由于人类破坏了原有生态，才形成了沙漠，干旱只是提供了形成沙漠的适宜条件。

有人认为，撒哈拉沙漠的形成最初是很缓慢的，直至公元前 5000 年，不知从什么地方飞来铺天盖地的黄沙，才使这里变成茫茫沙漠。

也有人认为，人类不适当地开发自然，固然会使草原森林退化成沙漠。但是沙漠本身成为一种生态类型，早在人类出现以前就存在了。

到底是谁制造了沙漠？是人类还是气候？还是人类和干旱气候共同制造了沙漠？还需要研究者们去继续探求。

16. 龙卷风之谜

1940 年在高尔科夫州，发生了一桩令人惊奇的事。一个炎热的夏天，在巴甫洛夫区麦歇尔村的上空雷雨大作，一些银币随着雨滴撒落在地上！村民发现这竟是几千枚伊凡五世时代铸造的模压花纹的硬币。1933 年，在离卡瓦列洛沃镇不远的地方，暴雨带来了大量的海蜇。在许多国家还经常发生这样的事：晴朗的日子里，天上突然撒下许多麦粒，掉下橙子和蜘蛛；有时又会随雨滴落下青蛙和鱼……这些骤然看来不可思议的现象，其实都是龙卷风的恶作剧！

龙卷风发生在水面，则称为"水龙卷"；如发生在陆地上，则称为"陆龙卷"。龙卷风外貌奇特，它上部是一块乌黑或浓灰的积雨云，下部是下垂着的形如大象鼻子似的漏斗状云柱，水龙卷直径 25 ~ 100 米。陆龙卷的直径不超过 100 ~ 1000 米。其风速一般每秒达 50 ~ 100 米，有时可达每秒 300 米，超过声速。龙卷风像巨大的吸尘器一样，经过水库、河流，常卷起冲天水柱，连水库、河流的底部有时都暴露出来。同时，龙卷风又是短命的，往往只有几分钟或几十分钟，最多几小时。一般移动几十米到 10 千米左右，便"寿终正寝"了。

龙卷风的形成一般都与局部地区受热引起上下强对流有关，但强对流未必产生"真空抽水泵"效应似的龙卷风。前苏联学者维克托·库申提出了龙卷风的内引力——热过程的成因新理论：当大气变成像"有层的烤饼"时，里面很快形成暴雨云——大量的已变暖的湿润的空气朝上急速移动，与此同时，附近区域的气流迅速下降，形成了巨大的漩涡。在漩涡里，湿润的气流沿着螺旋线向上飞速移动，内部形成一个稀薄的空间，空气在里面迅速变冷，水蒸汽冷凝，这就是为什么人们观察到龙卷风像雾气沉沉的云柱的原因。但问题是在某些地区的冬季或夜间，没有强对流或暴雨时，龙卷风却也频频发生，这就不能不让人深感事情的复杂了。

而且龙卷风还有一些"古怪行为"使人难以捉摸：它席卷城镇，捣毁房屋，把碗橱从一个地方搬到另一个地方，却没有打碎碗橱里的一个碗；被它吓呆的人们常常被它抬向高空，然后，又被它平平安安地送回地上；大气漩风在它经过的路线上，总是准确地把房屋的房顶刮到两三百公尺以外，然后抛在地上，然而房内的一切却保存得完整无损；有时它只拔去一只鸡一侧的毛，而另一侧却完好无损；它将百年古松吹倒并捻成纽带状，而近旁的小杨树连一根枝条都未受到折损。

龙卷风之谜至今仍有待人们不懈地去探索。

17. 青蛙为何能活 200 多万年

1946 年 7 月，在美洲墨西哥的石油矿床里，发现了一只冬眠的青蛙。这只被埋在 2 米深矿层内的青蛙，被挖掘出来时还活着。它皮肤柔软，而且有光泽，它还活着。2 天之后，才死去。地质学家通过对这个矿床的科学测定，认为这个矿床是 200 多万年前形成的，而这只青蛙显然不可能在矿床形成以后进入矿层。从而证实，这只青蛙在矿层内已生存了 200 多万年。

其实，在这之前，也发生了一件类似的事。

1782 年，在法国巴黎近郊地下 4.5 米深处的石灰岩层里，开采了一块巨大的石头，把这块石头劈开，竟然发现石头内藏有 4 只活着的蟾蜍。这 4 只蟾蜍并排在一起，各有各的窝。蟾蜍从石头内被劈出来后，还都活着，并且能活动。科学家们对石灰岩层进行了鉴定，证实它是在 100 多万年前形成的。这意味着这 4 只蟾蜍在岩石内已生存了 100 多万年了。

青蛙、蟾蜍能在岩石内生存 100 多万年，乃至 200 多万年，这真是令人迷惑不解的奇迹。为什么它们具有如此强大的生命力呢？

许多科学家对这一自然现象进行了不懈的探索和研究。

生物学家们经实验发现：当气温上升 10℃时，青蛙和蟾蜍的新陈代谢会加快 2～3 倍；而气温下降 10℃时，代谢作用则减慢到 1/3。因此，不少科学家认为，埋藏在矿层、岩石内的青蛙和蟾蜍，不受到气候变化的影响，几乎处于"恒温"的状态。这实际上就等于把它们的生命贮藏起来，几乎不进行新陈代谢，也不消耗能量，所以能长期不吃东西生存下来。

美国的一位科学家还做了这样一个实验：将几只即将进入冬眠的蛙进行降温处理，降至 −6℃，并保持 1 个星期，之后再慢慢地升温解冻，结果发现蛙居然还活着。他取出蛙的肌肉，对肌肉内的化学成分进行分析，发现有甘油存在。因此他认为青蛙、蟾蜍之所以能活那么久，与它们冬眠时体内形成的甘油有关。

对青蛙和蟾蜍为什么有如此强大的生命力这一问题，有些科学家还提出了各种各样的看法，但都没有足够的说服力让人信服。

18. 候鸟迁徙之谜

我们常常可以看到有一种鸟，春天从南方飞来，秋天又从北方飞走，年复一年，从不改变这种生活习性。这种鸟就叫做候鸟。这类随着季节不断变换生活地点的候鸟，大概占整个鸟类的1/3。候鸟独特的生活习性，引起了科学家们的注意。科学家们对其进行了深入的研究，但还是有许多谜团至今仍困扰着人类。

候鸟最让人感兴趣的是它们那种极强的识途定向能力。候鸟迁徙的路线一般都比较远，可它们不但可以准确地返回故乡，还能毫无差错地找到旧巢。这是怎么回事呢？有人认为，它们是靠着对所行路线地形地物（如海岸、江河等）的观察、熟悉和记忆，来确定回飞路线的。这种说法可以解释短距离飞行，却无法解释其远距离的复杂飞行。有人发现在鸽子眼睛的上方有一块磁性物质，经研究鸽子是靠它与地球磁场产生联系来辨别方向的，有人据此提出了磁场定向说。但并不是所有候鸟都有这种磁性物质，这不能解释全部候鸟识途定向问题。又有人认为鸟的血液中的主要成分是铁，在地球磁场的作用下，它根据血液的流动来判断自己航向的正误。可这也只能是一种推测，并没有得到科学实验的证实。有人分析，候鸟白天飞行大概是靠着太阳来辨别方向，晚上飞行是靠着星辰来辨别方向。有人曾做过这样的实验，他们把正在飞行的候鸟装在笼子里，用镜子把太阳光反射入笼，并不断变换反射方向，鸟便随着光线的变动飞行。这说明它是靠着太阳来辨别方向的。但阴天怎么办呢？还有人曾用百候鸟做过实验。他们把鸟放在天文馆里，播放夜间的天象。当天顶出现北欧秋天的星座时，鸟就把头转向东南；当出现巴尔干天空的星座时，鸟便将头转向南方；当出现北非夜空时，鸟便朝正南飞。看来，候鸟靠星辰识途定向是一种比较有说服力的观点。当然，这还不是最后的结论。

　　还有一个困惑人们的问题就是候鸟迁徙中的"能源"问题。候鸟在迁徙过程中，一般要飞行几千千米甚至上万千米，中途几乎都不休息。它们是怎样来完成这样艰苦旅行的呢？有人认为候鸟是把脂肪作为能源来利用。它们在准备长途迁徙之前，就大量进食，以便贮藏大量脂肪，供飞行之用。但鸟一般体积都比较小，它怎么可能贮存那么多的脂肪来供自己长途飞行呢？有人曾对鹬做过观察，发现它从加拿大的拉布拉多半岛飞往南美洲，行程大约 3850 千米，其体重只减轻了 56 克。如果能把候鸟在飞行中节约能源的秘密揭开，那对人类的贡献将是不可估量的。

19. 猛犸为什么会灭绝

　　大约在 20 万年前，地球就出现了猛犸，它曾经遍布北半球的北部地区，分布如此广阔的猛犸为什么灭绝了呢？真让人不可思议。

　　在前苏联西伯利亚北部的冻土层中，科学家们曾发现 20 多具皮肉尚未腐烂的猛犸尸体。这些尸体在大自然的"冰库"里保存得相当完好：尸体肌肉的血管中充满血液，胃里还有青草、树枝等未消化的食物。经科学家考查证实，这些尸体已冰冻了 1 万多年。几十年前，国际地质学会在前苏联召开期间，许多国家的科学家还尝到了这已冻了 1 万多年的猛犸肉。据说味道虽不十分可口，却别有风味。

　　猛犸有着高而圆的头顶，上面长着一条长鼻子；有两颗向上弯曲的牙；背上有个高耸的肩峰；臀部向下塌；尾巴上还长着一丛毛；身长超过 6 米，体高超过 4 米。总之，外形与大象比较相似，因为它们与大象是一个家族的。

据科学家证实，大约在距今 *20* 万年前，最早的猛犸就出现在地球上了。它的足迹遍布北半球的北部地区，我国北部也有发现。特别是北冰洋的新西伯利亚群岛，更是猛犸的世界，人们在那儿发现许多猛犸牙。在西班牙的洞穴岩壁上，*3* 万年前的古人就用红赭石画出猛犸轮廓图；在法国的洞穴岩壁上，也有 *1* 万年前的人雕刻的猛犸作品，直至距今约 *1* 万年前，猛犸才随着冰川的消退而消失。在严寒的西伯利亚地区，人们发现猛犸化石遗骸非常多，大约有 *2.5* 万余具。

猛犸为什么突然从地球上消失了呢？

有的科学家认为猛犸死于严寒。可能由于当时地壳上的两大板块发生猛烈的冲撞，导致火山爆发，一股高温热气直冲大气上层。这时，地球上立即出现前所未有的低温，然后在激变中沿地球两极盘旋而下，终于降落到较温暖的一层空气上。当它穿过暖气层的时候，就转变为极猛烈的狂风，向地面高速刮来，使地面气温骤降，以致猛犸被冻死。

也有些科学家认为，北美古印第安人对猛犸的大肆捕杀才是它们灭绝的直接原因。他们在猛犸骨骼上发现有刀痕，用电子扫描显微镜分析证明，这刀痕是石制或骨制刀具砍杀所致，而不是猛犸间互相争斗的结果，更不是挖掘过程中造成的外损。他们说，古印第安人捕杀猛犸，除食其肉，用其皮外，还用其骨，因为猛犸的骨骼有类似玻璃的光泽，也许能把它作镜子用。

还有些科学家作这样的解释：那时候，大量彗星尘埃进入地球大气上层空间，极大数量的太阳辐射能被尘埃折射回宇宙空间，导致了地球上最近一次冰期。海洋把热量传给陆地，引起真正的"冰雨"。这不过才几年的时间，却给猛犸带来了覆灭的灾难。

科学家们对猛犸的绝灭众说纷纭，到底谁是谁非，至今还是一个谜。

20. 热带雨林中的绿毛怪物是什么动物

1897 年，美国人汉斯和巴斯克斯来到西班牙，直奔陶兹伦多大森林。

这天，他们来到雷阿塞地区的一条山涧溪水旁，看见绿树红花，潺潺流水，不觉心旷神怡。走在前面的巴斯克斯望见不远处有一块绿茵茵的青草地，开心极了。于是他一个箭步跨上前去，同时回头招呼走在身后的汉斯："快点过来，这里有一块草地，很柔软。就像貂皮一样，还长着长毛哩！"

走在后面精疲力尽的汉斯不信，抬眼望去，看见巴斯克斯已经直挺挺地躺在草地上，不禁打起精神，径直朝那块大约三四平方米的大绿毡子走去。汉斯正走着，突然，眼前那块绿茵茵的毡子猛地一下就被什么力量卷了起来，变成了一只从未见过的毛毡样动物。巴斯克斯被紧紧地裹在了中间，只露出脑袋来，身陷险境的巴斯克斯脸憋得通红，张着嘴猛地大喊救命。

汉斯见情况不妙，赶紧猛扑过去，谁知那绿色怪物裹挟着巴斯克斯，迅速跃入水中。站在岸上的汉斯心急如焚，又不敢跳下水去。因怕水里有更多的怪物出现，心有余悸的汉斯再也不敢停留，背起行囊失魂落魄而逃。回国后，他恐慌不安地向新闻界人士讲述了这次惨痛的冒险经历。

1937 年，雷阿塞地区的一个猎人出门打猎，当他来到巴曼河上游时，看见水中漂着一节断木，约有 5 米长，粗细像水桶一般。奇怪的是，这根树木的周围有许多藻类样的绿色毛状物，它们在水里漂浮着，显得非常柔软。

好奇的猎人便捡来一根长杆，用长杆去挑水中的绿色物体。只见那绿色的树木顿时翻动起一阵阵水花，沉入水底，再也没有出现。回国后，猎人把自己打猎途中的所见讲给家人及邻居听，一时成为街谈巷议的趣闻。久而久之，人们渐渐淡忘了此事。

时间一晃就是半个世纪。到了 1989 年，雷阿塞地区发生了一起警察捉拿犯人的追杀事件。就在紧急的追捕中，曾经一度被人们遗忘的绿色怪物再次出现在人们面前。

当时，西班牙籍的国际贩毒头目哈沙勒在纽约被美国警方盯上。有名的国际反毒组织铁手警官约翰·科恩及其助手佩克负责监视并抓捕毒犯，进而捣毁他背后庞大的制毒集团。

1989 年 4 月，哈沙勒离开美国，回到西班牙，科恩和佩克尾随而至。然而尽管他们用尽心思再三乔装打扮，还是被狡猾的哈沙勒觉察了。4 月 25 日，哈沙勒伙同毒贩与科恩及助手还有西班牙警队发生了一场激烈的枪战。第二天，哈沙勒仓皇逃往陶兹伦多大森林，科恩等人也尾随而至。

在上司顺藤摸瓜摧毁贩毒制毒窝点的办案原则下，科恩们不敢打死哈沙勒。然而，案情已进入迫在眉睫之境地，哈沙勒已经进入茫无边际的大森林，如果再任他跑远，就会像泥牛入海一样无法追踪。

科恩等人考虑再三，最终决定先擒住犯人，再让他说出制毒窝点。方案既定，科恩、佩克及其他警员迅速向哈沙勒靠拢。

当哈沙勒逃到巴曼河时，被紧追而来的科恩等人团团围住。谁知即将落网的哈沙勒却异常镇静，待科恩正要上前铐他时，突然，"嗖嗖"几声，一串子弹以迅雷不及掩耳之势从河对岸的森林里射来。机警的科恩就势拉住哈沙勒往地上一滚，牢牢地铐住了他。

科恩抬起头，只见巴曼河上平静如初，除他们以外并没有任何人的踪迹。然而正在此时，随着一阵凄厉的救命声，一个血肉模糊的人跟跟跄跄地从河岸边的森林里奔出来，不久便栽到河里去了。科恩见此情景，顿时惊惧起来："是森林怪物在抓人啦。"

科恩和佩克押着哈沙勒小心翼翼地走进森林，他们断定那人一定与制毒基地有关。进入丛林后，他们看见的只有一滩滩殷红的血迹和几支枪械。科恩环顾四周，阴森森的大森林弥漫着一种恐怖气氛，令人不寒而栗，科恩便和佩克押着哈沙勒准备往回走。幽静的大森林里只有科恩等人的脚步声在回响。

忽然，"哗"的一声，一个草状物体从树上落下来，正好罩在科恩的上方。眼疾手快的科恩急忙闪身，但已经来不及了，他的双脚被柔软的绿草包住，并火速向他的上身扩展。科恩大叫佩克朝他开枪射击，佩克只好对准绿草向科恩的脚部射击，随着几声枪响，蓬草慢慢卷曲起来，终于掉在地上，变成一个毛茸茸的绿球，飞快地从草地上滚走了。佩克仍不肯罢休，对着逃之夭夭的绿草又连射几枪，受伤后的蓬草仍然拼命地逃窜。

这时，哈沙勒趁科恩他们对付蓬草的机会，使劲撞倒科恩撒腿就跑，佩克见状紧追不舍，一阵狂奔之后，哈沙勒终于逃出郁郁葱葱的大森林，来到一片空旷的原野。随后赶来的佩克举枪向毫无遮掩的哈沙勒射击。子弹击中了哈沙勒的腿部。剧烈的疼痛使哈沙勒跪倒在地，只能束手待毙了。然而就在佩克刚跑出几步，准备生擒逃犯时，哈沙勒却在转瞬间消失了。佩克急中生智，赶紧向前方跑去。猛然间看见一个绿色的毛状大包裹飞快地朝森林滚去。同时，听见哈沙勒闷声闷气的声音在里面惨叫："快救我。"

佩克恍然大悟，是怪物裹挟了哈沙勒，他随即对准绿色大包裹开了两枪，然而那包裹滚动得飞快，转眼就看不见踪影了。

佩克找到科恩，为他脱掉裤子查看受伤的腿部，赫然看到科恩

113

的两条腿全成了炭黑色。在黑黝黝的皮肤上，一个个小红斑点像被针扎过一样。佩克将科恩背出一望无际的大森林，途中恰与那位老猎人不期而遇。老猎人告诉他们：科恩是被绿毛怪咬了，绿毛怪有许多张嘴。它会缠住人死死不放，直到把人憋死为止。科恩只是受了轻伤，过几天就会康复的。

除此之外，一支西班牙生物考察队也曾在巴曼河的源头看见一头绿毛怪。它长有一个扁平的脑袋和一对窄长的眼睛，在水里漂浮着。一旦发现了人，在力不付敌时便会立即卷曲成一团，迅速沉入水中逃匿。这支考察队认为：绿毛怪是一种两栖动物，并不是食人动物。另有一些专家认为，绿毛怪可能是动植两类物种，就像冬虫夏草一样。更有人认为它是某种动物身上附有的一种绿色植物保护色。

关于绿毛怪的说法，众说纷纭，但在没捉到实物之前，这些都仅仅是一些推测。迄今为止，人们尚未捕获到这种浑身毛茸茸的绿色动物，因而也无法揭开绿色怪物之谜。

21. 冬虫夏草之谜

大千世界无奇不有，竟然有冬虫夏草这种植物，真是让人难以捉摸。

冬虫夏草，也叫"旱草"，属于囊菌纲，麦角菌科植物，多产于我国四川、云南、甘肃、青海、西藏等地，在中医药中是味珍贵的药材。冬虫夏草，正像它的古怪名字一样，形状很奇特：说它是动物，它的根又深扎在泥土里，头上还长着一根草；说它像植物，它的根部又是一条虫子，长有头和嘴，还有 8 对整齐的足。冬虫夏草这种怪模怪样的东西是如何形成的呢？到底是植物还是动物呢？为什么会生成这般怪模样呢？

原来，有一种叫做"蝙蝠蛾"的昆虫，在春天来临之际，它便将虫卵产在土壤里，然后静静地死去。这虫卵在土壤里经过 1 个月的孵化，一条白胖白胖的幼虫便破土而出。有一种真菌即草虫已在此静候多时，一遇到这白胖鲜美的幼虫，便一股脑儿往幼虫体内钻，然后在里边吮吸幼虫体内的营养，过着无忧无虑的寄生生活。冬天幼虫生在泥土中，由于体内的寄生菌大量繁殖，这虫子等不到爬出地面便死去了。等到气候温暖了，这种真菌便破土而出，在幼虫壳体的头部长出一根长约 10 厘米，顶端呈椭球体的棒。因此，它才长出既像虫，又像草的这种怪模样。人们根据这副怪样子给它起了个"冬虫夏草"的怪名字。

冬虫夏草，长得虽然古怪，但它在医药界中用途很大。对补肺益肾，治疗虚劳咳嗽、痰中带血、气喘、腰痛等病，非常有效。

真菌是如何钻入幼虫的体内，又是怎么在幼虫体内寄生那么长时间后，最终从虫嘴长出一棵草的呢？迄今为止还是一个谜。

22. 植物叶面色斑之谜

姹紫嫣红的花，金光灿灿的果，一直是人们观赏的佳品，但现在，绚丽多姿的观叶植物开始崭露头角。它们有的以叶形特异称奇，有的以姿容秀雅见长，有的则以色彩斑斓著称，其中最吸引人们的是那些似花非花的斑叶植物。

斑叶植物，可谓千姿百态，无奇不有。如白玉万年青，它打破了以往人们常见的万年青的格调，在叶片中央出现白玉般的色泽，显得优雅脱俗。蔓生的黄金葛，还有那常春藤，其叶中有黄，根间白，犹如一串翡翠，悬空而下，令人目不暇接。彩色球兰则在它的一片叶上，混有粉红、乳白和淡紫等色素，犹如大理石的彩纹，令观赏者叹为观止。那金边巴西铁、银边巴西铁、金心巴西铁，都生长着一簇簇阔长如带、反卷下垂的叶子，看上去犹如一朵硕大的花，绿叶中央还镶嵌有一条条金色的飘带，十分雅丽动人。还有橡胶榕、勒杜鹃、彩叶竿，以及肉质的仙人球等，都先后出现了许多色彩鲜艳夺目的斑叶"新伙伴"，观叶植物大家族变得更加色彩斑斓！

当你看到悬在窗前的金边常春藤那白绿相间的叶片在微风中摇曳，桌案上的花叶芋那碧绿的叶上泛起点点红斑时，你可能会想到，这些植物的叶上怎么会出现这等迷人的彩色斑点呢？这在植物生态学上称为"叶斑"，它的种类可多了。有一种生长在热带的有名的观叶植物"变叶木"，它那多形的叶上显现出的叶斑有黄斑、橙斑、粉红斑和褐色斑，缀于绿叶之中，有条状的，也有斑点状的，植物学家把这种斑点叫做"星斑"；有的观叶植物的绿叶上有殷红的线条勾勒出叶脉清晰的轮廓的叫"网斑"；有的观叶植物的叶面上有黄色金丝带状的斑纹的叫"缟斑"。

植物的叶子本为绿色或红色，那为什么有的植物叶面会长出这般奇异的色斑呢？经科学家们的研究发现，这是由于叶片细胞中的色素起了魔术师般的作用。植物生长时，在叶子中的叶绿素生成机制受阻或细胞产生基因突变后，叶子的某一部位若让花青素、叶黄素、胡萝卜素得以登台，便会在叶面上呈现出色彩斑斓的奇观。这一有趣的植物生理变化，还能通过物理、化学等方法实现，如用 X 光照射可使植物叶内发生突变，诱使叶片产生叶斑。

在我国丰富多彩的植物资源中，蕴藏着不少叶斑植物珍品，可供开发。这一美好的愿望正在等待着你们——青少年朋友，等待着你们把我们的生活装点得更加绚丽多彩。

23. 树木过冬之谜

大自然里有许多现象是十分引人深思的。例如，同样从地上长出来的植物，为什么有的怕冻，有的不怕冻？更奇怪的是像松柏、冬青一类树木，即使在滴水成冰的冬天里，却依然苍翠夺目，经受得住严寒的考验。

其实，不仅各式各样的植物抗冻力不同，就是同一株植物，冬天和夏天的抗冻力也不一样。北方的梨树，在 -20℃ ~ -30℃ 能平安越冬，可是在春天却抵挡不住微寒的袭击。松树的针叶，冬天能耐 -30℃ 严寒，在夏天如果人为地降温到 -8℃ 就会被冻死。

究竟是什么原因使冬天的树木变得特别抗冻呢？这确实是个有趣的问题。

最早国外一些学者说，这可能与温血动物一样，树木本身也会产生热量，它有导热系数低的树皮组织加以保护的缘故。以后，另一些科学家说，主要是冬天树木组织含水量少，所以在冰点以下也不易引起细胞结冰而死亡。但是，这些解释都难以令人满意。因为现在人们已清楚地知道，树木本身是不会产生热量的，而在冰点以下的树木组织也并非不能冻结。在北方，柳树的枝条、松树的针叶，冬天不是冻得像玻璃那样发脆吗？然而，它们都依然活着。

那么，秘密究竟何在呢？

原来，树木的这个本领，它们很早就已经锻炼出来了。它们为了适应周围环境的变化，每年都用"沉睡"的妙法来对付冬季的严寒。

我们知道，树木生长要消耗养分，春夏树木生长快，养分消耗多于积累，因此抗冻力也弱。但是，到了秋天，情形就不同了，这时候白昼温度高，日照强，叶子的光合作用旺盛；而夜间气温低，树木生长缓慢，养分消耗少，积累多。于是树木越长越"胖"，嫩枝变成了木质……树木逐渐地也就有了抵御寒冷的能力。

然而，别看冬天的树木表面上呈现静止的状态，其实它的内部变化却很大。秋天积贮下来的淀粉，这时候转变为糖，有的甚至转变为脂肪，这些都是防寒物质，能保护细胞不易被冻死。如果将组织制成切片，放在显微镜下观察，还可以发现一个有趣的现象哩！平时一个个彼此相连的细胞，这时细胞的连接丝都断了，而且细胞壁和原生质也分离了，好像各管各一样。这个肉眼看不见的微小变化，对植物的抗冻力方面竟然起着巨大的作用哩！当组织结冰时，它就能避免细胞中最重要的部分——原生质不受细胞间结冰而遭致损伤的危险。

可见，树木的"沉睡"和越冬是密切相关的。冬天，树木"睡"得愈深，就愈忍得住低温，愈富于抗冻力；反之，像终年生长而不休眠的柠檬树，抗冻力就弱，即使像上海那样的气候，它也不能露天过冬。

24．神秘的怪雨现象

目前，很多科学家，其中包括美国《气象杂志》主编戴菲德·拉迪罗姆先生也正在努力收集世界各地的怪雨现象。下面就是他收集到的一些怪雨事例：

1819 年美国纽约州明斯特里特城内一条鱼突然从空中落下，鱼长达 30 厘米。

1879 年美国萨克拉门托城的奥迪菲罗基地曾发生过几次鱼雨。

1841 年美国波士顿城曾发生过几次鱼雨和乌贼雨，其中一些乌贼长达 25 厘米。

1894 年在美国密西西比州的布菲纳城内，一只称为"古菲尔"的龟突然从天空落下，龟被一团雪包着。

1933 年美国伍斯特城和马萨诸塞城分别落下大量冰冻的鸭子。

每当发生怪事之时，很多人都极力找出一些原因，以说服众人，这是毫不奇怪的。但是，科学家们却与众不同，因为他们不能空口无凭地解释"科学怪事"。因此，对于 1954 年 7 月 12 日英国伯明翰城内萨吐纳·库尔达菲尔德地区发生的青蛙雨，任何一位科学家都未予以评论或解释，因为他们根本不知道这是怎么回事。事情是这样的：

这天，希尔法妞·毛迪夫人带着小儿子和小女儿，参加英国皇家海军在一个公园内举办的运动会。她讲述了事情发生的经过：

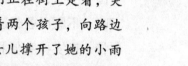

我们兴致勃勃地看完运动会后，便出了公园，走向公园旁边的小市场，以便给两个孩子买些糖果和玩具。我们正在街上走着，突然，一阵狂风刮来，暴雨从天而降。我赶忙拉着两个孩子，向路边的树下跑去，准备避雨。这时，仅有 4 岁的小女儿撑开了她的小雨伞，我赶忙接过雨伞，举起护住我们三人的头。此刻，我们听到一些东西噼噼啪啪地落在小雨伞上的声音，我定神向上望去，不觉大吃一惊，只见天空中噼噼啪啪地落下了无数只青蛙，落在地上的几百只青蛙在我们周围跳来跳去，小雨伞和我们身上爬满了青蛙。此时，我又抬起头，向天空望去，只见天空中的青蛙犹似雪花一样，铺天盖地地落了下来。我发现 40 平方米的地上爬满了青蛙，这些青蛙都很小，每个长约 1 厘米至半厘米之间，颜色都是黄绿色，带有小块黄斑。我和两个孩子当时吓坏了，生怕踩着它们……

但是，对青蛙雨最著名的记述并不是这次，而是著名女新闻作家菲罗妮卡·布伯维尔斯根据她的亲身经历撰写的专稿。该稿发表在伦敦《星期日快报》上。她在文章中说：

我家坐落在白金汉郡的一座小山上，我记得很清楚，这天下午，我同丈夫换好衣服，正准备出门参加一个晚会，突然狂风大作，将门窗全部吹开。我们正忙着关闭门窗，只见狂风中，一些青蛙从天而降。刹时，房前屋后到处都是青蛙，估计约有几百乃至几千只。青蛙都很小，一蹦一跳地蹦进屋来，很快，屋内外成了青蛙的世界。我和丈夫赶忙在屋里到处抓青蛙，抓住后便向门外扔。但是，扔出去之后，它们又蹦回屋里来了。我们忙碌着……当然，我们到达晚会会场时已经很晚了。但幸运的是，当时我发现我的裤子鼓鼓的，伸手一摸，抓出两只小青蛙来。当时，在场的人都不相信我的叙述，但当我把两只小青蛙掏出来作为证据时，他们一个个全都目瞪口呆，讲不出话来。

在怪雨现象中，海洋鱼类和其他海生动物雨为数很多。在英国、美国、欧洲、印度和澳大利亚屡见不鲜，以至澳大利亚报刊都感到乏味，不愿再登载这类消息。于是，澳大利亚自然历史学家杰拉伯尔特·维埃特利便将至少 50 个海生动物雨情况汇集于一文，才于 1972 年 3 月在澳大利亚《自然历史》杂志上发表。该文中除记述了 1879 年在维多利亚城附近的卡里希地区下的小鱼雨外，还列述了其他虾雨和淡水鱼雨等。

不仅西方世界，而且东方世界也发生了许多怪雨现象。1975 年英国电台记者罗纳·萨班斯尔讲述了一段亲身经历。

第二次世界大战期间，我在驻缅甸的英军中服役。部队来到缅甸与巴基斯坦边境的库米拉城附近。这里的淡水十分缺乏，部队每人每天只能喝上几口水，更谈不上洗澡。我是很爱洗澡的，因此时常盼着下雨。每次大雨来临，我总是拿着肥皂和毛巾，赤条条地站在大雨里，洗个痛快的淋浴澡。这天，大雨又将来临，我赶忙脱去衣服，站在空场上，往身上涂肥皂。还未涂完肥皂，突然感到有什么东西落在我的身上，我睁开眼睛一看，只见几万条小鱼从天上落下来，我立即被埋在鱼堆之中。我挣扎着，抓起一条鱼一看，原来是沙丁鱼。挣扎了半天，我才爬出沙丁鱼堆，跑回房内。

在有关海生动物雨的记述中，还包括有许多其他的海生动物从天而降的事例。譬如，英国农村曾下过一场海螃蟹雨和海蜗牛雨，1881年伍斯特城在一次雷阵雨中也下了一场螃蟹雨和蜗牛雨。

世界各地怪雨现象为数很多，颇难一一列述。对于怪雨，科学家们一直在研究，于是各种解释纷纷出现。迄今为止，世界各国普遍的解释是：怪雨现象是旋风造成的，即一股旋风将河流、湖泊和大海中的水席卷而起，带到空中，旋风内有许多水生动物，旋风在空中旋转。不久，由于地球引力的作用，海水或湖水连同水中的动物一齐落到某地，因而形成了怪雨。这种解释听起来虽颇有道理，但是它却不能从根本上解释怪雨现象。因为，倘若这样解释，那么，就意味着旋风同样也具有一些难以想象的能力，即在空中将水中的动物选择，随后分门别类加以区别，然后再分类扔到地面上去。瓦拉亚姆·库里斯在书中谈到怪雨现象和旋风解释时提出了一些可供参考的看法：

首先，我们必须承认，不论运送这些动物的工具是否是旋风，这种工具一定能够每次全选择好一种动物，或是一种鱼，或是青蛙，或为任何一种其他动物。

其二，这种工具在运送过程中还要进行更仔细的分类，即将大小一样的鱼或青蛙集中在一起。

其三，我们发现，这些动物从天上落下来的时候，并未夹带着任何其他东西，如沙子、树叶等。这表明，它们曾经过了一次挑选。

其四，尽管有些动物是海生动物，即来自咸水中，但是，迄今为止，我们尚未听到任何一位目击者说过，怪雨中的雨水有咸味。

综上所述，看来，运送怪雨中动物的工具或机器每次都具有特殊的异常准确的选择能力。除旋风解释之外，我们还听到一些人将怪雨现象解释为台风或飓风，即一种海洋上经常发生的热带空气漩涡，将大片海水席卷而起，在海面或距海面很近的鱼类和其他生物也被随之卷起。这实际上也是一种旋风，只不过风力很大而已……这种解释同样也十分缺乏逻辑和推理性。因为除上面讲过的选择能力外，怪雨现象中还有一些生活在深海中的鱼类，并有一些死鱼或鱼干，这些事实都是台风或飓风论者无法解释的。显然，怪雨现象实在令人难以破解。

25. 雪块的来源之谜

自古至今，雪块或雪球现象一直使科学家们感到迷惑不解。科学家们对此现象众说纷纭，莫衷一是。有些科学家甚至怀疑有关雪块细节的报告或记述。但与此同时，另一些科学家则认为这些雪块是从地球大气层之外的空间落下来的，它同彗星和陨石有着某种联系。科学家们回顾了有关雪块方面的记载，认为在世界上第一架飞机诞生之前，雪块现象虽为数不少，且大部分十分奇特，但记述却十分含糊。而最详细最准确的记载则是 *1973* 年 *4* 月 *2* 日，在英国曼彻斯特郊区一条宁静的林荫大道上发生过的这种情况。

这天傍晚，正在曼彻斯特大学进行高等研究工作的理查德·杰里菲斯教授到贝尔东大街准备买些日用品。大街上静悄悄的，理查德先生正走着，突然看见街道上空出现一道明亮的闪电。闪电很快便消失了。应当指出的是，理查德教授此时还担任一家科研机构的气象观测员。因此，他经常记述一些天文现象。当时，他立即看了一下手表，时间为傍晚 7 时 45 分。他仔细回忆了一下闪电时的情况，觉得很奇怪，为什么这道闪电事先无任何预兆，事后也无任何雷声反应。他想了一会儿，琢磨不出其中的奥秘，于是，只好来到旁边一个小商店内，买了些需要的东西，随后向回家的方向走去。此时，正值 8 时零 3 分。刚离开小商店不远，他突然听见一件东西落地的巨大响声，立即发现在前面街道上落下一块东西。

他走上前定神一看，原来是一块雪块，估计有两千克重。理查德教授是科学研究人员，又兼气象观测员，很清楚此时应做些什么。于是，他赶忙上前，将雪块从地上拾起，用自己的外套将它包住。便飞快地跑回家中，把雪块放在厨房内的冰箱里。次日清晨，他取出雪块，用布包好，放入密封的高压锅内，随后搬到汽车上，径直来到他在曼彻斯特大学科学技术学院内的实验室，开始分析和化验这块雪块，希望能在雪块来源方面得到突破。

在确定一些冰冻物的历史时期中，科学家拥有多种众所周知的测试方法，其中一种便是将冰或雪切成很薄很薄的冰片，然后用普通反射光和聚光板进行观察，以揭示冰片内的水晶结构。采用上述方法，理查德教授发现，这块雪块由 51 层雪组成，每层雪之间都有一层薄薄的空气气泡。这表明，这个雪块的结构不是冰块结构，其水晶体又比冰块中的水晶体小，其内部各层又不如冰块中的各层那样有规则。

此外，理查德教授还做了另一种试验，试验表明这块雪块是由云雾水形成的。但是，云中的水为什么和怎样形成雪块的呢？理查德教授考虑许久，最后估计，这块雪块之所以成为这种形状和成为雪块，可能是当时置放于一个密封的容器内，即在容器内形成的。为了证实这个推断和获得一块类似的雪块，理查德教授取来一个气球，把它灌满水，然后将气球吊在冰箱的冰室内……但是，这次试验得到的雪块却与天上落下的雪块根本不同。

于是，理查德教授又重新考虑，雪块是否是从正在天空中飞行的一架飞机上落下来的？他说："我询问了机场管理人员，他们告诉我，在雪块落下的空域中，曾有两架飞机穿过。但是，在雪块落下来的时候。其中一架飞机已在机场上着落，另一架飞机则是在雪块落地后好久才通过此空域的。此后，我又问专业人员，其中一架飞机是否在飞行中遇到了雪块，他们回答说，这是不可能的。"

此时，理查德教授确实无能为力了。他在书中写道："我们唯一可以告诉人们的是，这种雪块现象既不是这样，也不是那样，更不是……所有的可能均被排除。倘若您询问这种现象发生的真正原因，那么，我们只好说，现在我们对它只能是一无所知。"

那么，人们不禁要问，落在理查德教授眼前的雪块同他在此之前9分钟看到的闪电之间是否有一种联系呢？对此问题，英国自然科学家艾里克·卡罗认为它们之间不仅有联系，而且有密切的联系。他从理论上谈到部分闪电的特性，但是卡罗的理论却未能具体应用于实践，因为依照这种理论，确实可以随便将一些雪块现象解释成同电和空气现象有联系，而其他一些雪块现象却同它们毫无关系。因此，作家罗纳德·维利兹便侧重了解其他教授的意见，他收集了美国很多大学教授们对雪块现象的看法，他说：

"一些学院科学家们认为，这种从天空中落下的大块雪块不可能有流星之嫌，这是因为外空间的条件不可能产生雪块。科罗拉多大学的科学家认为，尽管部分天文学家认为存在着流星同雪的混合物，但是，其中一位天文学家曾提出这样的问题：当这块雪球进入大气层时，一定会产生很高的热，那么，雪块落地后怎能保持现在这种状况呢？至于弗吉尼亚大学科学家们，他们则认为，雪球现象是一种极其神秘的现象，可以将这种现象和其他类似的现象从有关飞碟的现象中分出来，另归一类。"

此前，我们曾谈到利曼教授的估计，他曾认为所有雪块现象全是由于天空中飞行的飞机储水罐或水箱漏水而造成的。这种观点曾作为一种被人接受的观点而广泛用于对雪块的解释。但是，现在，我们可以完全排除这种解释，因为这种解释若能成立，那么飞机机翼上能产生雪块或冰块的观点也会油然而生。但是，专业人员认为，飞机在几千米以上的高空飞行时，若机翼上产生雪或冰，那么自然会对飞机飞行重量产生危险的影响，因此，现代化飞机现在全装有自动电化雪系统。可以说，目前现代化飞机机翼和机身上完全不可能产生雪块。此外，还有很多雪块现象发生在飞机诞生之前，也可说明雪块同飞机没有什么联系。譬如，19 世纪格拉马尔尤曾提出一篇论文，名叫《大气层》。他在文中称，早在古代就发生过从天空中落下雪块的事例，当时那块雪块的规格为 $5 \times 2 \times 3.5$ 米。另在 1849 年苏格兰的奥尔德也发生了一次雪块事件，那块雪块直径则为 6 米之多。难道这真与其他星球的智能生物有关？这真令人百思不得其解。

26. 天上坠物的猜测

福特的第一本著作《受诅咒者之书》就是从天上掉下来的奇怪物体的讨论开始的。天上坠物也可能是他最喜欢谈的现象，他从科技刊物中收集到很多令人惊讶的有关天上坠物的报告：从雪花、石膏到蠕虫，但更多的是青蛙、鱼和冰块，有时候，它们在暴风雨或者阵雨天气掉下来，可有时候，它们也会在晴朗的天气里掉下来，这看起来非常神秘。

许多人只是模糊地知道曾有过奇怪落物的报道，但怀疑这些报道只不过是些奇谈怪论，不可能是真实的事件。没有哪位真正研究过这些现象的人会持这同样的观点。人们无法争辩，许多东西的确像雨一样是从天上落下来的。在福特的时代有这样的事，在今天仍然还有这样的事情发生，而且什么样的杂物都有，同样丰富无比。这个神秘现象问题不是天气，而在于它们为什么会掉下来，怎样掉下来。

鱼和青蛙在今天仍然是很常见的事。比如，*1994* 年 *2* 月 *22* 日，有人发现数百条斑鲈在丹马拉威塞德旅店的停车场里蹦跳着，该旅店离澳大利亚北部的沙漠内陆约 *590* 千米，每条鲈长约 *1 ~ 2* 英寸。一周之后，在同样一个地方，又掉下来稍大一些的鱼，当时在下暴风雨，一夜之间下了 *12.7* 厘米深的雨。可是，正如在 *1920* 年一样，天空掉下来越来越奇怪的物体。*1981* 年 *2* 月，伦敦郊外的巴恩斯一带丢下来一条烤过的大比目鱼，自己卡在篱笆缝里，那条鱼仍然可以吃。在其他一大批各色食品当中，*1971* 年夏天在巴西的佐奥帕索阿，还有大批的豆子掉下来。豆子落在萨尔瓦多·塔金诺家的地里，他认为，豆子有可能是从西非越过大西洋到这里来的，可是，要证明这一点是很困难的，因为他把那些豆子拿去煮了饭。不那么可口的东西是一次棕黄色的阵雨般的落物，*1995* 年 *8* 月落在爱丁堡附近克莱格洛克哈德网球俱乐部的观众头上。它的味道很快就使人们明白了，那是人粪。

更少见的一种情形是，天上有时候会掉下独一无二的东西。瑞典有个传说，有一种奇怪的动物，一般认为是一种斯堪的那维亚山精，*1708* 年夏天掉进诺柯平市的大街小巷。另外一些不常见的物体也从天上掉下来过，比如蠕虫、贻贝、草、坚果和大块血淋淋的鱼肉。最奇特的一种是 *1973* 年 *12* 月落在林恩·康诺利家在哈尔市的后花园里的一只银器匣子，正好轻轻落在路过的康诺利太太的头上。

那只匣子大小为 *19×3.55* 厘米，里面装有一个用得半旧的便条板，上面还刻着 T. B 这两个缩写字母，还有 "Klaipeda" 这个词。后来证明，Klaipeda 是立陶宛的一个海港的旧名。*1973* 年，那个海港因为"铁幕"而关闭，这使那个银匣子的出处更具有一点点神秘的意味。

天上掉下来的，还有一些经常假定是从飞机上掉下来的东西。落在巴恩斯的那条烤熟的比目鱼，据说就是一种机上餐食。不过，机上人员在半空中抛食物下来的可能性是很小的，一般是堆在飞机上，直到降落后再抛掉。落在克莱格洛克哈特网球场的粪便，最开始有人认为是飞机上的厕所功能不正常弄下来的，因为有好几种经鉴定的"纯洁冰"证据——混着水的尿液和消毒剂——落在地上。这个解释好像更合理一些，因为爱丁堡至伯明翰的航班当时正从头上经过，可是，对该机所有厕所的检查，又排除了飞机出问题的可能性。

关于天上落物，这是最奇怪的一件事情。在极高处飞行的航空器当然会结一些小冰块，然后又落在地上，可是，在载人飞行之前早就有过天上掉冰块的事件了。查尔斯·福特最喜欢举的一个例子，就是一个巨大的雪块，据说有一头大象那么大，*1800* 年左右落在印度的塞林加帕坦。（福特讲的这个听起来像无稽之谈的故事的来源却是无可挑剔的：《英国科学进步协会年度报告》中引述了这件事。）

另一个解释也经常拿出来解释天上掉青蛙和鱼的情况：那些不小心的动物是被路过的海上龙卷风从一条河或者池塘里给刮起来的，之后又给抛在沿路的某个地方了。这个说法值得推敲：一方面，长期以来人们已经知道，有一些天上落物的确是海上龙卷风造成的。*1913* 年 *11* 月，在新南威尔士的夸伦迪，一次旋风造成了落鱼；*1921* 年 *6* 月的一次龙卷风也在路易斯安邵州掉下鱼来。不过，海上龙卷

127

风的学说也有缺点。从来都没有听说有任何蚂蚁掉下来的事情，也没有听说经常与鱼和青蛙一起窝在池塘里的有臭味的泥土、破瓶子、旧自行车和其他碎屑掉下来。而且，这个理论也无法轻易地解释大部分奇怪的例子。有很多极具当地色彩的东西落下来：1859年2月，在南威尔士的阿什镇，大批淡水米诺鱼和棘鱼从天上掉下来，盖住了狭长的一块地，约为960平方米大小的地上，全都是鱼。

　　同样现象当中更奇特的一个例子是大约1986年春天发生在世界的另一边的一件事。离澳大利亚东北部数千英里远的克里巴迪岛上的一群打鱼人，他们驾着一条敞篷船在太平洋上飘荡了4个多月。因为舷外的马达出了故障。他们靠抓鲨鱼活了下来，可是，很快因为每天吃那种东西而厌倦了。事后，如最后来救他们的人解释的那样，"一个星期六的晚上，他们正在祈祷，希望能够抓到一种不同的鱼，因为他们已经是见鲨鱼就想吐，这时候，有东西落在了船上。那是一种少见的、黑色的鱼，用拖网法一般是抓不住这种鱼的。它从不到海洋表层来，只生活在约990千米深的水下。哪怕把这次掉鱼下来时的极不平常的偶然因素排除在外，那种克里巴迪鱼能够掉下来也是奇事一桩。因为人们很难明白，这样的一种鱼怎么可能被龙卷风刮起来，又怎么可能被路过的鸟所放过。

　　以前，这类天上落物当中最神秘的一件事就是"天使毛发"。这是一种明显呈胶凝状的材料形成的细丝，它们从天上掉下来，然后在与地面接触以后就化解掉了。它有时候会与飞碟联系在一起，记录在案的有很多例子，表明它实际上是飞碟排放出来的一种固体的废物。比如，1952年10月17日，在法国奥洛伦上空，人们看到很狭长的一个圆柱，旁边还有约30个更小的物体。它们的后面都挂着天使毛发。很多落在地上，一些矮树林和电话线上还挂着一些，一直留了好几个小时。

自 50 年代以来，关于天使毛发的报告越来越少了，也许一部分是因为在 70 年代，UFO 研究中心已经找到一些材料拿来进行分析。发现那些天使毛发只不过是一种蜘蛛网。可是，蜘蛛网本身有时候也会有很神秘的特点。它们有时候会以极不平常的数量堆在一起——极其壮观。人们不禁会发问，有多少蜘蛛参与这样的结网活动啊。比如，1988 年 10 月 28 日夜里，在英国多塞特外面的英吉利海峡上巡逻的海岸卫兵报告说，他们看到一个蜘蛛网云，估计约有 77 平方千米的面积。在现代战场上，蜘蛛网还有凶险的含义。在波斯尼亚冲突中，有好几份报告说，有一种"神秘的网样的物质"从克罗地亚释放出来，一直飘到当地人的头上。拿到了几份样品进行分析。在显微镜下，它们看上去好像是一种合成物，而不是天然的蜘蛛网。不过，塞尔维亚人释放出这种明显无害的物质的动机却仍然是一个让人们费心思的问题。

27. 为何会有"怪雨"

1991 年 10 月 28 日，在湖北省长阳县都镇湾出现了晴天下雨，而且雨只下在 1 平方米以内路面上的现象。

这天，裁缝刘光平发现宝塔办事处北 100 米处有 1 平方米的路面变湿，他以为是宝塔中学学生提水漏的。后来他站在这 1 平方米的范围内，亲自感觉到天上确实在下雨，这才知道不是学生提水漏的。他立即把这一情况告诉给宝塔办事处的领导。

据宝塔办事处党总支副书记刘希华回忆说："10 月 28 日，裁缝刘光平发现'怪雨'后，告诉了我们，我也去看了。当时地面 1 平方米的范围内路面变湿，雨点只落在这个小范围内，时大时小，一天到晚下个不停。从 10 月 28 日到 11 月 5 日，天天下这种怪雨。斜

129

对着太阳看，雨是从天上降下来的，而不是从附近树上落下来的。当时没有风，雨垂直而下。"都镇湾派出所指导员说："对这件怪事当时群众议论纷纷，我和所长及小苏同志都到了现场，发现果真是在下雨。雨呈雾状，从天而降，从不移动，当时晴空万里。"

气象部门调查后初步认为：上述现象是在特定的地理、地质及天气条件下产生的一种自然现象。1991 年当地出现了特大的伏秋连旱，温度高、湿度小，地表层土壤变得很疏松，也使地下断层裂缝增大，形成"狭管"。地下水通过狭管上升到地面，在外力以及本身热的作用下，以雾的形式喷了出来。上升到一定的高度时，雾凝结加重，在没有风时垂直降落地面，并逐渐浸湿地面。气温较低时可见上升的雾雨和下降的雨混在一起，就形成人们所看到的雾状雨。该县 10 月 6 日下了一场雨，降雨量为 1.9 毫米，降雨现象掩盖了喷出来的雾雨。一旦天晴几天，气温上升，土壤干燥到一定程度，就又会出现"怪雨"。这可能就是 10 月 6 日～10 月 9 日降雨之后，10～20 日连晴 10 天，在 20 日后再现"怪雨"的原因。凡具有类似地质条件和天气条件的地方，都会有这种"怪雨"的产生。当地地下有丰富的积水，是由于在 1991 年 4 月 17 日发生了一次 4.1 级的地震，震中正好在下"怪雨"的地方。在地壳深 16 千米处约有 1 千米长的断层错位，使事发地贮存了丰富的水。

气象工作者对上述解释并不十分满意，因为他们觉得没有足够的科学依据，说服力不够强。因而，这"怪雨"至今还是个谜。

28. 奇云怪雨的难解之谜

1984 年 4 月 9 日，当地时间 23 点 6 分，一架日航商业飞机正在日本东海岸 400 千米以外的北太平洋上空飞行，当时的方位是北纬

38.5 度、东经 146 度的位置。机长突然发现机身下面的云层里升起一团巨大的形如雨伞的云，一会儿云团蔓延，厚度达 6000 多英尺，直径为 200 千米。机长大吃一惊，以为下边发生了核爆炸，急忙命令全体乘员戴上氧气罩，并向地面发出了呼救信号。

后来飞机在附近的一空军基地降落。经检查，机身上没有核爆炸产生的放射性污染，所有仪器也安然无恙。当晚，还有两架飞机从上空经过，飞行员们也亲眼目睹了这团已纵横 320 千米的云团。

此事引起了世人关注。美国国防部、前联邦航空公司和日本防务省都争先恐后地进行了调查。调查结果表明，这种现象不是由核爆炸形成的，对臭氧层中二氧化硫的测定也没发现异常，所以又排除了海底火山爆发的可能性。那么，奇怪的雨伞云是从何而来呢？

我国新疆米泉县的甘泉堡，历来很少降雨。但在 1975 年 9 月 7 日凌晨 4 点多钟，甘泉堡的一条干沟中下起了暴雨，而四周却晴空万里。据目睹者回忆说，当时这里先是响起一阵雷，紧接着瓢泼大雨从天而降，大雨下了大约 10 分钟。到 5 点钟左右干沟洪水立刻涨起来，倾泻而下，冲走了几十斤重的石头和许多防洪物资。为什么沟外天空晴朗，而沟内却下起倾盆大雨呢？

气象学家们对这奇云怪雨各持己见，谁也无法找到正确的答案。

29. 干雨到底是怎么回事

近年来世界各国的天体物理学家都对干雨产生了特别浓厚的兴趣。干雨很早就被人们发现过，只是极为少见，近些年来人们发现，它的出现越来越频繁。大约在 100 年前，干雨曾毁灭了亚速尔群岛地区整整一支舰队。曾经发生在德克萨斯草原的一场特大火灾，也是干雨引起的。公元 1889 年非洲的萨凡纳又成为干雨的战利品。

由于所谓瀑布式倾热，使由干雨引起的火灾很难扑灭。发生这种火灾时，不仅要扑灭燃烧着物质，还要花更大力气来对付高达2000℃的雨热。对这种雨热来说，水成了给它降温的物质，因此，扑救这种火灾时除使用水外，还要使用特殊的物质粉，以隔断热源和氧气的接触。

对干雨现象的解释，目前存在两种看法。一种看法认为：彗星散落后的物质一部分落入地球，从而产生干雨现象。从彗星散落到出现干雨，需要 2～6 年的时间。目前天体物理学家观察到彗星散落的现象越来越多，因此科学家们预测在最近 6～15 年内要出现一些干雨。那时干雨火灾的数量将达每年 8 起，而 50 年后将达每年 30起。另一种看法认为：干雨现象是我们还没认识的另一种文明的破坏活动。这种想法从表面上看似乎是没有根据的，但持这种观点的人认为，如果干雨现象来源于宇宙，是彗星散落的产物，那么化学家通过光谱分析应该可以发现彗星的化学成分。但化学家在这方面的研究结果至今还是否定的。

总之，两种说法各有其理，还需进一步研究证实。

30. 石雨来自哪里

1906 年 3 月的一天，荷兰探险家德乐特勒西特·库罗汀迪克结束了长途旅行后，风尘仆仆地回到基地。深夜，当他正躺在睡袋里休息时，突然一声物体撞击地板的声响把他惊醒。他起身一看，发现有一颗从未见过的黑色小石子掉落在地板上。过了一会儿，只听得"叭"的一声，又掉下来一颗小石子。小石子好像是穿透屋顶掉下来的。库罗汀迪克让人出去观察，发现房子上并没有人，周围也没有发现任何异常情况，然而，小石子仍然像下雨一样不停地从屋顶上掉落下来。

第二天天亮，库罗汀迪克仔仔细细地观察了屋顶内外，奇怪的是，看不到一点石子穿插透过的痕迹。可是到了晚上，黑色的小石子又下雨般地穿过屋顶落下来。库罗汀迪克又惊异又纳闷。为了弄明真相，他把几颗小石子当作标本收集起。回到荷兰以后，库罗汀迪克把这些标本交给了专家。专家们对这些从未见过的石子也感到莫名其妙。

这种能穿过屋顶而又不留任何痕迹的"石雨"究竟是什么东西，又从何而来呢？至今还没有人能解开这个谜。

31. 冬暖夏凉的地带

也许你知道有冬季从地下冒出热气的地方，也许你听说过有夏季从地下冒出冷气的地方，那么，你是否知道集夏冒冷气、冬冒热气于一身的地带呢？这一非常罕见的地带就在我国辽宁省东部的桓仁县，总长约 15 千米，从桓仁县沙尖子镇船营沟向西南延伸到宽甸县的牛蹄山麓。

据有关报道，还在上个世纪末的一个夏天，桓仁县沙尖子镇的农民任洪福在堆砌房北头的护坡时，偶然注意到扒开表土的岩石空隙里，不断冒出阵阵寒气，感到非常惊讶。当时任家就在冒气强烈的这段护坡底角，用石块垒成了长宽各约半米，深不到 1 米的小洞。至今这个小洞所表现出冬热夏凉的特点，仍然令人不解。

盛夏里，洞内温度仅 $-2℃$，石缝为 $-15℃$，在洞口放鸡蛋就会冻破了壳，洞内放杯水变成冰块，雨水泄入石缝冻成缕缕冰柱，人们站在洞口六七米外，只一两分钟就冻得发抖。据说，1946 年的夏天，一个国民党军官将大汗淋漓的战马拴在洞口附近的树桩上，第二天早晨，这匹马已冻倒在地上不能动弹了。近几年来，每逢夏季，任家都利用这口天然小冻库为街上的饭店、医院、兽医站等单位储存鱼、肉、疫苗、菌种等，冷冻效果十分理想。

然而立秋以后，周围地温不断转冷，而这里的地温反而由冷趋暖。到了严冬腊月，野外冰封雪冻，寒风凛冽，各种草木都纷纷枯萎凋零。但在地温异常带却是热气腾腾，温暖如春。凡是山岗上冒气的地方，整个冬春始终存不住冰雪，特别是任家屋后，种下的蔬菜叶壮茎粗，青草茵茵。1986 年，任家在冒气点上平整了一小块土地，上面盖上塑料棚，栽种大葱和蒜，割了两次蒜苗。据测，棚内气温保持在 17℃，地温保持在 15℃。

自 1984 年 8 月，桓仁发现异常地温带的消息在《本溪日报》、《辽宁日报》披露以来，国家地震局、冶金部、辽宁省、本溪市和桓仁县的地质部门及新华社等新闻单位，曾多次派人来这里进行实地考察，进行一系列的仪器测试，并就其成因开展学术讨论，至今尚未定论。有人认为这里地下有庞大的储气构造和特殊的保温层，使地下可以储存大量的空气，而且使地下的温度变化比地面慢得多。冬季，冷空气不断进入储气构造，可以一直保温到夏季才慢慢放出来；而夏季进入的热空气又至冬季才慢慢释放出来。也有人说，由于特殊的地质条件，这里的地下可能有一冷一热两条重叠的储气带，始终在同时释放冷热气流。遇到寒冷季节时，冷气不为人发觉，而热气惹人注目；遇到暑热季节时则寒气变得明显。还有人猜测，大概这里地下的庞大储气带上有一些方向不同且会自动开闭的天然阀门，冬天呼进冷气，放出热气，夏天吸进热气，放出冷气……

更令人惊讶的是，1987 年在原址以南 300 米处，又发现了一处类似的神奇土地。

人们期望科学家能及早弄清这片异常地带的奥秘。

32. 瓦塔湖 -70℃ 为什么不结冰

瓦塔湖位于南极洲的莱特冰谷里，虽然湖面常年冰封，寒气逼人，可是湖泊深处却大不一样。

瓦塔湖表面冰层下的水温是 0℃ 左右，随着深度的增加，水温逐渐增高。水深 15～40 米处水温为 7.7℃；40 米以下的深处，温度升得很快，距湖面 60 米处，有一层含盐很大的咸水层，温度达到 27℃，比表面冰块的温度高 47℃。极地考察队员把瓦塔湖称作地下"暖水瓶"。

起先，人们认为地下也许有地热活动。可是，国际南极干谷钻探计划实施以后，人们发现地底下不但没有地热活动，而且湖底沉积物的温度要比湖水温度低很多，这说明湖底没有地热活动。

美国和日本的南极考察者认为，热源来自太阳。

瓦塔湖冰层很厚，而且湖水洁净。阳光照射透明的湖水，把湖底的水晒成温水。由于湖底水含盐量高，能够很好地积聚热能；上层的淡水层像条棉被，盖在上面；湖面的冰层又像密封的保暖床，使温水得到保暖。

但是，如果真是这样的话，像瓦塔湖这样的"暖水瓶"在南极不止一个，而事实并非如此。瓦塔湖依然是个难解的谜。除此之外，南极还有一些奇异的湖泊，如干谷的唐·胡岁塘湖，在 -70℃ 的低温下，居然波光闪闪不结一块冰，真让人难以相信。

33. 罕见的天象奇观

在晴朗的白天，突然间出现了一段时间的黑暗。它既不是日食，也不是发生在龙卷风之前，虽然是区域性的暂时情况，但这种现象在国内外曾有多次发生。

在我国班吉境内，1944年秋天的一天下午，晴朗的天空突然一片漆黑，伸手不见五指。人们惊慌失措，呼天喊地，好像天要下塌似的。大约1个小时的工夫天空又恢复了光明，渐渐地人们才平静下来。

青岛也曾出现过白天降夜幕的奇特现象。一天上午11时，阳光辐射的天空渐暗，阴云密布，至12时许，黑云压顶，天地间一团漆黑，风雨交加，电闪雷鸣，众多行人措手不及，纷纷避往沿街店铺。街上顿时"万家灯火"，路灯齐放，过往车辆车灯大开。这一现象持续半个多小时。

美国新英格兰垦区，在1980年5月19日这一天早晨，人们都和往常一样忙忙碌碌地去上班。到了上午10时，突然天黑地暗，好像进入了茫茫黑夜，每个人都恐惧万分。这种情景一直持续到第二天黎明。

此外，在英国的普雷斯顿，也曾出现过白天里的黑暗。1884年4月26日天空由灰变暗，天渐渐黑下来，约经20分钟才出现阳光。

据当时人们回忆说，这种白天里出现黑暗现象之前，并没有发现什么异常现象，都是突然发生的。

为什么会出现这种天象呢？至今科学家们众说纷纭，有的说是和火山爆发有关；有的说很可能与天外星球来客有关，它们从地球上穿过，又悄悄而去，形成地球上某地方暂时的黑暗。

到目前为止，对于这种天象奇观，还有待科学家们进一步去研究、探讨。

34. 热层高温为何不热

我们居住的地球周围有一层厚厚的大气层，这层大气层又可以分成好几层。距地面 85～800 千米的空间被称为"热层"。在热层里，随着距离地球高度的增加，气温骤升。在 150 千米的高空，每升高 100 米，气温就升高 2℃。因此，在 200 千米处，气温已高达 1000℃；到 700 千米的高空，气温竟高达 3000℃！这远远超过了炼钢的温度。

大热气层内，空气非常稀薄，空气质量仅占大气总质量的万分之五。大气密度和热容量都很小，在热层内气温升高 1℃ 所需的热量，还不到海平面气温升高 1℃ 所需热量的亿分之一。因此，即使太阳辐射很少的一部分热能，也足够使热层的大气温度升高很多了。

但是，热层的高温，并不能熔化钢铁，因为那里的空气分子极少，如果把钢铁放在这个"高温层"中，具有高温的空气分子是很少有机会同钢铁接触的。就连高速运转的卫星，在每平方厘米的面积上，每秒至多只能获得十万分之一的热量。如果按照这个加热速度来计算，1 克水温度升高 1℃，竟需要 28 个小时！据卫星观测的资料表明，650 千米的高空，虽然气温已超过 2000℃，但受到太阳直射的卫星表面温度只有 33℃；而当运动到地球的阴影区时，卫星表面温度却迅速下降到 -86℃。可见，这里的温度虽然很高，但却不热，当然就更谈不上在这里炼钢了。

对于热层高温反而不热这一奇特现象，科学家们正在寻找确凿的依据来加以解释。

35. 为什么地球上的生物只有两性

英国科学家认为，地球上的生物之所以只有雄雌两性，是因为大约20亿年前我们的祖先曾经遭受到细菌的感染。

地球上存在无数种生命形式，为什么多数物种只有雄雌两性？多少年来，这个问题一直困扰着世界各地的科学家。

蘑菇育多达36000种性别，一种被称做粘菌的奇异生物大约有13种性别，但是这些生物只是地球生物分为雄雌两性这个几乎普遍适用的规律罕见的例外。这种现象提出了一个进化方面的神秘的问题，如果地球生物有100种性别，并且可以与其中任何一种物种交配，那么地球生物在其周围的环境中找到伴侣的几率将达到99%。

如果说看起来生物只有两性使物种的生存变得困难而不是更容易的话，那么为什么地球上的生物只有两性呢？赫斯特认为，这完全要归因于地球生物是如何通过遗传获得一组特定的，被称为线粒体的基因。

与细胞核或细胞中心部分携带的基因不同，线粒体脱氧核糖核酸（DNA）可以迅速进行自我复制。

看起来以前好像有过某种细菌，线粒体就源于这些细菌。线粒体进行自由复制的能力是它们的细菌祖先遗留下来的。

因为线粒体DNA可以快速复制，如果99%的地球生物可以与任何同种生物交配的话，线粒体出现的任何突变都可能迅速扩散开来。如果这种突变是有害的，那么突变引起的后果可能是灾难性的。对于地球上其他的物种来说，寻找一个配偶可能有些困难，但是从进化的角度来说，这种生殖也有益处，可以减少突变。

36. 千年古莲开花

1955 年，中国的植物学界有一条重要的新闻：千年古莲开花了！

这些古莲的种子是 *1952* 年我国的科技人员在辽宁省新金（原名普兰店）县附近的泡子屯村一个旧池塘底下挖出来的。当时挖出来的莲子的外皮已经变得很硬，简直像小铁蛋。

1953 年，科学家曾把它们浸泡在水里 *20* 个月，可这些古莲子依然发不出芽。后来，科学家给古莲子做了个小"手术"：用锥子在古莲子的外壳上钻了一个孔，然后再泡在水里。结果仅过两天古莲子就抽出了嫩绿的幼芽，而且发芽率高达 *95%*。

1955 年的夏天，古莲开出了淡红色的鲜花。当时人们在北京的香山植物园可以欣赏到古莲的风采。其实它与人们常见的莲花很相似，只是花蕾更长些，花瓣更红些。

科学家用放射性 C_{14} 测定，它的年龄为 *835～995* 岁。

据报道，日本千叶县曾发掘出 *2000* 多年前的古莲子，而且经过培育，也发芽、开花了。

在地下沉睡了千年的古莲怎么还会开花呢？

这与莲子的结构有关。莲子的外皮坚硬致密，像个小小"密封舱"。把种子密闭在里面，可防止外面的水分和空气渗入，也可防止种子内的水分和空气散失。因此莲子的生命极为微弱，相当于休息状态。这是古莲子还有生命力的重要原因。

此外，与古莲子所埋藏的环境也有关。这些莲子是被埋在深约 *30～60* 厘米的泥炭层中，而泥炭的吸水防潮性能良好，再加上泥炭层的上面又有很厚的泥土覆盖，因此古莲子几乎处于一个密闭的环境中。在这样的环境中，古莲子不具有生根、发芽的条件，便得以长期保存。

37. 叶子的奇异功能

俗话说：巧妇难为无米之炊。然而，在自然界里，确实有能做无米之炊的"巧媳妇"。它能够用水和空气里的二氧化碳为原料，借助阳光，制造出人们所需要的糖、淀粉、脂肪和蛋白质等营养物质。是谁会有这么大的本领呢？说起来大家都熟悉，它就是植物的绿叶。世界上如果没有这些"巧媳妇"制造出大量的粮食、蔬菜、水果和饲料，那人类根本就无法生存了。世界上绿色植物的叶子多种多样，千姿百态。叶子从外表看起来虽然千差万别，但是，只要太阳一照射到这些叶子上，它们都能够在阳光的作用下将从空气里吸收来的二氧化碳和根部送来的水分，合成为有机物质，这就是人们常说的植物的光合作用。

植物叶子大小不同，生长的位置也不一样，它们进行光合作用的效率也有高有低。如小麦的旗叶进行光合作用的效率就特别高，这已引起了不少科学家的注意。

旗叶就是小麦顶梢上最后长出来的那片叶子，它长在麦穗下边，风一吹，就像旗子一样迎风摆动，于是，人们把它称为"旗叶"。

小麦的一生中在主茎上先后长出的叶片一共有19片，其中旗叶的寿命最短，从吐叶到枯死只有44天，比寿命最长的第三片叶的寿命短一半以上。旗叶的个子是最小的，可它制造出来的有机物质却是最多的，约占小麦一生积累下的有机物质的一半。它对于小麦的生长、成熟，可以说贡献是最大的。

为了揭开小麦旗叶光合作用效率特别高的秘密，科学工作者深入研究小麦叶肉细胞的结构，发现小麦的叶肉细胞形状是千姿百态的，有的像一个山楂果，有的像好几个山楂果串在一起那样，中间有几个细腰，还有一些细胞，个子很大，就像一串糖葫芦那样，中间有 10 多道环。小麦旗叶的叶子里，大多数细胞都像糖葫芦那样，个子比较大，而那种小个子的细胞很少。旗叶里的细胞个子比较大，数量比较少，这对于进行光合作用是有利的。因为细胞大，细胞之间的空隙也就大一点，这样水分和二氧化碳气体容易进入到细胞空隙里，有利于细胞吸收；而且在对光合作用时产生的有机物质进行运输时也占有优势，可以很快把营养送到小麦籽粒里去。这是旗叶光合作用效率高的原因之一。

另外，旗叶细胞里的叶绿体之中，光合膜要比一般叶片里的多 2 倍左右。光合膜多了，固定在膜上的那些酶也多，这样就有助于吸收太阳光，光合作用的效率也就特别高。

揭开小麦旗叶光合作用效率高的奥秘，对促进小麦增产有重要的作用。

38. 奇妙的探矿植物

1934 年，当时的捷克斯洛伐克有两位科学家研究某地种植的玉米的化学成分时，发现把玉米烧成灰后，每吨灰中含有 10 克黄金，以后他们还在长那种玉米的地方找到了金矿。

现在人们已经知道，不同的植物指示不同的矿藏。例如，生长针茅的地方可能有镍矿、生长三色堇的地方可能有锌矿、生长海州香薷的地方可能有铜矿、生长灰毛紫志槐的地方可能有铅矿、生长喇叭花的地方可能有铀矿、生长羊栖菜的地方可能有硼矿、生长开蓝花的羽扇豆的地方可能有锰矿、生长紫云英的地方可能有硒矿……

这些植物人们叫它为"探矿植物"。为什么这些植物会指示矿藏呢？

其实，道理并不复杂。正如人有各种性格一样，植物也有其各自不同的习性。这些探矿植物在生长过程中特别喜欢某种矿物，在某种矿物含量较丰富的地方，生长得也特别好。

此外，还有一种情况：有些植物在一般的土壤中可以生长得很好，但在含有某种矿物质较多的土壤中，或是不大适应，或是产生一种生理变化，改变了形状、颜色等。如在含硼较多的地方，猪毛草的枝叶膨大而扭曲，蒿会长得特别矮小；在铜含量多的地方，野玫瑰花朵呈蓝色；镍会使花瓣失去色泽；锰几乎会使所有的花儿变成红色……因此也可以利用植物的形态或颜色的变异情况来探矿。

人们不但利用植物寻找矿藏，而且还利用植物"开采"矿藏。

北美洲有个地方叫"有去无回"，因为这个山谷的地层和土壤中含有大量的硒，而人和牲畜如果食用含有大量硒元素的食物，就会中毒以致死亡。人们决定开采"有去无回"山谷里的硒矿，种植了大量紫云英。紫云英在这样的环境里生长得很快，一年可以收割好几次。人们把紫云英收割后，晒干烧成灰烬，再从灰烬中提取硒。据说每公顷紫云英可提取 2.5 千克硒，这真是一种"开采"矿藏的好办法。

39. 植物地震预报员

地震，在目前可以说是自然灾害中危害比较大的一种。人们如果能够得到震前的预报，就可以减小地震灾害造成的损失。如何预知地震已引起了有关科学家的重视，并被作为重大的科研课题来研究。

地震仪可以探测到地震预兆，并向人们发出地震预报。据研究发现，有些植物也具有预报地震的本领。如在印度尼西亚爪哇岛的一座火山的斜坡上，遍地生长着一种花，它能准确地预报火山爆发和地震的发生。人们观察发现，如果这种花开得不是时候，那就是告诉人们，这一地区将有大灾降临，不是将有火山爆发，就是又有地震将发生。据说，其准确率高达90%以上。故这种花被人们称之为"地震花"。

日本东京女子大学岛山教授经过长期不断的观察研究，对合欢树进行了多年生物电位测定，经分析发现，合欢树能预测地震。如在1978年6月10～11日白天，合欢树发出了异常大的电流，特别是在12日上午10时左右观测到更大的电流后，下午5时14分，在宫城海域就发生了7.4级地震。1983年5月26日中午，日本海中部发生了7.7级地震。在震前20小时，岛山教授就观测到合欢树的异常电流变化，并预先发出了警告。

在"植物王国"里，能够预报地震的植物还有对气候变化极为敏感的含羞草。在日本发生过一次强地震，地震前一天清晨，含羞草的小叶突然全部张开，到上午10时小叶全部闭合；临震前数小时，在半夜零点，含羞草的小叶又突然全部张开，不久就发生了地震。

一些植物可以感知到地震，这已被科学家的研究所证实。那么，植物为什么能够感知到地震，它们又是怎样预先感知到地震信息的呢？据前苏联的一位教授观察，"地震花"开得不合时令，是因为火山爆发或地震出现的先兆——高频超声波而引起的。这种异常出现的超声波振动促使"地震花"的新陈代谢发生突变，于是花就开了，向人们发出了将有火山爆发或地震发生的预报。合欢花能在震前两天作出反应，这是由于它的根部能敏感地捕捉到震前的地球物候变化和磁场变化信息的缘故。

有些植物震前的异常变化可以提供地震预报信息，但对如何通过植物在震前发生的异常变化，比较准确地判断出地震发生的时间、地点，这还需要科学家们的进一步研究才能得知。

40. 只有雄蕊的植物

很早很早以前，当大自然还没有使花朵变得很美以前，它只能把花朵作为一种很实用的东西。它没有费力去把叶子的边缘连成一个口袋来保护种子，它只是把叶子的中脉串起来，使叶子缩在一起。这就很好了，因为大自然很忙碌。松树等树木现在还是这样不加保护地对待自己的种子，而且许多其他植物也是这样。它们是大自然中喜欢古老风格的植物，它们不愿意改变自己延续了几百万年的传统。

这种现在还这样保护自己的种子的老式植物叫做裸子植物。这些种子光秃秃地暴露在光天化日之下，没有任何保护壳或荚，它们与栗子、豌豆或梨的种子不同。因为这个原因，花粉就不需要花柱的引导，它们也不需要捕捉花粉了，所以属于裸子类的植物就只有雌蕊和子房。我们沿着植物分类等级往下数，就会发现种子没有子房，没有木质外壳的植物。这样的种子叫做孢子，孢子看起来就像充满浆液的柔软绸袋，只是由于它们非常细小，我们无法看到它们的形状。

松树、柏树和落叶松的种子都是裸子，就是说，它们都把种子收藏在一个敞开的球果中，而不像大多数植物那样把种子收在绿色的荚或壳中。松球果中装满了扁平的种子，它们长着褐色的、像甲虫翅翼似的东西。松球果成熟的时候，种子就分裂出来，甲虫翅翼就帮助它们在空中飞翔。如果你能和松树"对话"，它们就会给你"讲出"许多这样的故事。

蕨类植物在叶子的背上保存自己的种子，它们的种子是孢子。也许你们看到过从蕨类植物成串的叶子上取下的长着斑斑锈迹的穗子，这种"锈迹"就是由大量的孢子壳组成的，每个壳都在自己的绸质口袋中装着一点绿色的胶汁。如果你能认识到，它现在还保持着蕨类植物生长的记忆，你就懂得它有多么神奇了。因为人们在火炉中燃烧的煤原来就是绿色的丛林。那时没有人类，甚至连最原始的人类都没有，整个地球只是一片辽阔荒凉的景色。

41. 植物舞蹈家

葵花的向阳舞，睡莲花在夜幕降临前的闭合舞，含羞草不但在黑夜到来的时候会自动闭上羽状的叶子，就是在白天，只要你轻轻碰它一下，它的叶子也会很快闭合；触动它的力量大一些，连枝干都会下垂，就像一位含羞的少女一般。

在这批植物舞蹈家中，最出色的莫过于电信草（舞草）和舞树了。电信草是生长在印度和斯里兰卡的一种植物，它的每一片大叶的旁边长着两片小叶。这两片小叶就像贪玩的孩子，从早到晚一刻不停地跳着舞，直到夜晚才安静下来。在我国西双版纳勐腊县尚勇乡附近的原始森林里，有一棵会跳舞的小树。在这棵小树旁边播放音乐，小树便会随着音乐的节奏摇曳摆动，翩翩起舞。更令人惊奇的是，如果播放的是轻音乐或抒情歌曲，小树的舞蹈动作便随着节奏变动；音乐越优美动听，小树的动作越婀娜多姿。如果播放的是雄壮的进行曲或嘈杂的音乐，小树反而不跳舞了。因此，当地群众给它取了个名字，叫"风流树"。

对于此现象，一种认为是植物体内微弱的生物电流的强度与方向变化所致；另一种认为是植物体内的生长素的转移，引起植物细胞的生长速度变化所致。随着植物学家的深入研究，这一奥秘是一定可以真相大白的。

42. 千奇百怪的根

植物离开根系就无法生存，根的主要功能之一是呼吸，这是人们都了解的，但你知道，植物的根为什么又是千差万别的呢？

植物的根通常都是长在地下的，但有些植物根却不是长在地下。像印度、马来西亚和我国海南岛一些地方的有淤泥的海岸上生长的一种海桑树，树主干附近的地面上长有许多像竹笋状的根，它不向下而向上长着。这是为什么呢？因为这些地方海潮可以到达，涨潮时被淹没了大部分，所以，植物的根呼吸就比较困难。而海桑树生长出许多向上的根，在涨潮时，靠这些根可以进行呼吸。这种根的顶端松软、有孔，里面有气道，有利于空气的流通和贮藏。这种根也属于气根的一种，它的主要功能是呼气，所以又叫"呼气根"。

植物根中有一种根叫"支柱根"。人们常见的有玉米的支柱根，就是在玉米主茎下部的地面上环生出的几层不定根，它向下伸入土中，形成辅助根系。这种根长得结实粗壮，它的厚壁组织发达，可以起到协助稳固茎秆的作用。同时在入土后，它也能起到吸收作用。

这些根不管是向上长还是向下长，它们都是不离开地面土壤而各尽其职的。而有的植物根则离开了地面，能够爬墙爬树，墙壁再光滑它也能爬得上去，这种根在植物学上叫做"攀缘根"，像常春藤、爬山虎等植物都长有这种善爬的攀缘根。它生长在茎生叶的部位附近，形状像一小丛刷子。它在幼嫩时能分泌出一种胶水状物，根可以借此粘附在树木或墙壁上，胶水状物干燥后就使根在墙上粘得十分紧密。这些植物的茎就靠着这种根边粘边向上生长，可以爬上墙，爬上几层高的楼，把建筑物染成一片翠绿，所以，它成了人们搞垂直绿化（绿化庭院、房舍）的"好帮手"。

植物根中还有专靠吃现成饭的寄生根、板状根、带水壶的根、靠叶子供水的根、贮藏根等等，可谓形形色色，千奇百怪。这些根是植物长期适应特殊环境条件的结果。其根在形态、构造和功能上发生了变化，形成花样繁多的变态根，这些特性能遗传下来，便形成各种各样根的稳定的性态。

43. 不同寻常的"花"

植物学上，真正的花是由花梗、花托、花萼、雄蕊、雌蕊、花瓣等组成。花梗、花柄都是枝条的一部分；花托是花梗顶略为膨大的部分，它的节间极短，很多节密集在一起；花萼、花瓣、雄蕊、雌蕊都生在花托之上。

然而，有些花卉的"花朵"却与众不同（其实，称之为花朵是不准确的，甚至是错误的）。

菊花、大丽花等菊科花卉，人们所欣赏到的不是一朵花，而是花的集合体。这种集合体，植物学上称为"花序"。菊花的花序是由许多无柄花依一定规律聚生在缩短的花轴上，形成头状，叫"头状花序"；花序边缘的花如舌头状，叫"舌状花"；花序中部形似圆筒的花，叫"筒状花"。

鸡冠花，人们所说的"花"也就是它的花序，称为"穗状花序"。整个花序顶生，形似鸡冠。鸡冠花有深紫、大红、黄、白等色。人们划分鸡冠花的品种，主要依据的是花序的形态，分为扫帚鸡冠、扇面鸡冠、缨络鸡冠。有趣的是还有同一花序上紫黄各半的鸳鸯鸡冠，以及中央有一特大花序而周围有许多小花序的百鸟朝凤等。

马蹄莲，人们所见的"花心"实际上是许多花长在其肥厚的花轴上，叫"肉穗花序"。花序的上部长雄花，下部长雌花。花序外面有一漏斗状的大型苞片，呈白色或乳白色，叫"佛焰花"，常被人们误认为是花瓣。所以，人们所见的马蹄莲的"花"实际上是由一个肉穗花序和一个佛焰花构成的。

一品红（又名"象牙红"、"圣诞花"、"猩猩木"），多朵花形成花序，多数生于枝顶，真正花的花瓣已经退化，只剩下黄绿色的雌雄花，极不显眼。供人们观赏的一品红的"花"是它的苞片的变态，呈叶形，红色，轮状排列于茎顶，所以"花"茎很大，一般都在20厘米左右。

叶子花（又名"三角梅"），每3朵聚生于分枝顶，每朵花下各托一红色（或紫色）的叶状苞片，从远处望去，好像是由3个花瓣组成的花。事实上，真正的叶子花的花位于3片大苞片中，细小，黄绿色，常被人忽视。

鹤望兰（又名"极乐鸟花"），其花梗上总苞斜伸，整个花序像一只仙鹤的头，翘首远望，形态生动，所以名为"鹤望兰"。它真正的花在总苞里，次第开放，每朵花犹如一只美丽的小鸟，有橙黄色的双翅（花萼）、深蓝色的头颈（花瓣）、洁白的小嘴（柱头），故又被称为"极乐鸟花"。

总之，有些花朵，人们所欣赏的主要部分并不是其真正的花，而是花序、苞片、叶片等。

44. 山珍之王蕨菜

蕨菜是其嫩芽可供食用的野生蕨类植物的统称。蕨菜由于具有特殊的清香味道,很少受到污染,可作为美味蔬菜,是我国北方重要的外贸土产商品,在国内外享有"山珍之王"的美称。

早在我国周朝初年,就有伯夷、叔齐二人采蕨于首阳山(今陕西省西安西南)下,以蕨为食的记载。可供食用的蕨类较多,如蕨属、荚果蕨属、蹄盖蕨属和莲座蕨目的很多种类。采来的蕨菜幼叶在食前须先用米泔水或清水浸泡数日,除去有毒成分。蕨菜可炒食、做菜汤、沙拉或干制成蔬菜。

著名的蕨菜有山蕨菜、薇菜、黄瓜香、猴腿等。山蕨菜是蕨的变种,又名龙头菜,全国各地都有生长。春季采集嫩卷叶,可洗净盐渍。薇菜是紫萁属植物,又叫分枝紫萁,可在春季采幼嫩卷叶,水煮一下,再用清水浸泡片刻,捞出晒成半干,再用手揉搓。炒菜有苦香风味。黄瓜香是球子蕨科的荚果蕨,生长于潮湿疏林下或河流两岸。春末夏初当嫩叶长到 13~15 厘米时采摘,将嫩叶的褐色鳞片捋去,然后用盐渍或用水煮一下捞出晒干。炒菜嫩脆具黄瓜香味。猴腿又叫多齿蹄盖蕨,产于东北、华北山沟或林下阴湿处。春季采嫩叶,水煮一下晒干,去掉鳞毛,也可用盐渍。

我国的蕨菜资源丰富,是有待进一步开发利用的宝贵财富。如出口一吨薇菜干在价格上相当于出口 40 吨大豆。在开发的同时,一定注意做好资源的保护工作,不能采取见芽就采光的办法。

45. 中草药之王甘草

在中药里甘草可以说是应用最广的一味药了，例如在《伤寒论》的 110 个处方中就有 74 个处方用了"甘草"。我国明代李时珍的巨著《本草纲目》说："诸药中甘草为君。治 72 种乳石毒，解 1200 般草木毒，调和众药有功"。因此难怪人们赞誉甘草是"中药之王"了。

甘草是豆科植物，生于干燥草原及向阳山坡，分布于我国西南、西北至东北部，为多年生半灌木状草本。根和根状茎粗壮，皮红棕色，羽状复叶，花序腋生，花冠蓝紫色，荚果镰刀状弯曲，整个植株密生短毛和刺毛状腺体。

甘草的根含有甘草甜素和多种其他药用成分。甘草甜素易溶于水，比蔗糖要甜 50 倍，即使在 1/2000 的水溶液中仍有甜味。学者发现甘草的药理作用是极其丰富多彩的，它不但有较强的解毒作用，还有抗溃疡、抗炎症、镇痉镇咳、降血压、降血脂、抗癌等作用。

甘草不仅是著名中药，而且在糖果、卷烟、医药和啤酒制造工业中可作为调味剂。在蜜饯果品中，如甘草橄榄、甘草梅子、甘草瓜子等也都要用到甘草。

46. 长寿叶

几百年以前，一位名叫乔治的欧洲探险家来到非洲西南部沿海一个叫鲸湾的地方。他在鲸湾附近的纳米布沙漠见到了一片极为荒凉的景色：眼前一片黄沙和碎石，一点绿意也没有。乔治感到十分失望，正准备返回去，忽然，他的眼睛一亮，发现沙地上居然有几

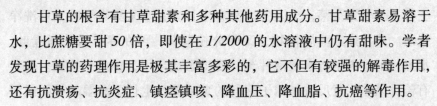

只"大萝卜"!

那"萝卜"生长在宽而浅的谷地中,茎粗一米左右,高仅 20 ~ 30 厘米,顶部像个大木盆。"木盆"边缘是两片厚厚的带状叶,宽约 30 厘米,长 2 ~ 3 米,弯弯地垂身两侧。"萝卜"的生长虽然缓慢,但却可以连续生长 100 年以上。因此,被人称作"百岁兰"。

冬去春来,百岁兰的茎年年在加粗,到了开花季节,茎的顶部呈现出鲜红色的穗状花序。这种花主要靠风力传粉,种子则生有"翅膀",凭借着大风,飞到别处生根发芽。

终生生活在纳米布沙漠上的百岁兰,不仅不怕干旱,而且还能长出巨大的叶子,这是为什么呢?原来,百岁兰的根扎得很深,能吸到地下水。纳米布沙漠濒临大海,来自海上的雾气落在百岁兰的叶子上也能成为露水滋润植株。

47. 最粗的植物

相传,古时有一位名叫亚妮的王后,一次兴致勃勃地到地中海中的西西里岛游玩。当她带了一队人马来到埃特纳火山附近的时候,天上忽然下起了滂沱大雨。

随从们抬头四望,见四周并无地方可以躲雨,心里不由犯了愁。正在这时,他们发现了坡前一棵高大无比的栗树。那栗树浓阴似伞,遮住了好大一块地面。王后及其 100 名随从走了进去,却丝毫不觉拥挤。栗树为 100 余人挡住了风雨,因而被王后亲切地称为"百骑大栗树"。

"百骑大栗树"到底有多粗呢?经过实地测量,它的直径有 17.5 米,周长有 55 米。北美的巨杉和非洲的猴面包树可算是世界级的粗树了,但巨杉的直径最粗的也不过 12 米左右,猴面包树呢,也

仅仅 *10* 米左右粗。

除了可供游客观瞻以外，"百骑大栗树"的经济价值极为珍贵。它的坚果含有大量的淀粉、糖、脂肪和蛋白质，既可炒食，又可加工成罐头。产量高，质量也好，很受当地人的欢迎。

如今，这棵"百骑大栗树"虽然经历了沧桑磨难，但仍然郁郁葱葱，生机勃勃。每年开花结果时，都能引来大批采栗子的人。

48.　最长的植物

20 世纪 *20* 年代，一位植物学家深入我国云南地区的原始森林。在那里，他看到了一幅前所未见的景象：一个个藤圈密密匝匝地绕在树木之间，像是有一只看不见的手在玩着莫名其妙的游戏！

植物学家想：这地方人迹罕至，是谁有那么好的兴致绕出那么多的藤圈？

他走近仔细观察，这才知道造成藤圈奇观的不是别人，正是大自然本身。

原来，这种藤条叫白藤，属棕榈科，茎只有 *4*、*5* 厘米粗，但长度却达 *200~300* 米，有的甚至达 *400~500* 米，堪称世界之最。

白藤十分纤细，它们又是怎样爬上树梢的呢？奥秘就在于白藤的浑身上下都长满小刺。风吹着细细的白藤在林间晃晃悠悠，一旦碰到了大树，倒长的钩刺就紧紧扎住不放。以后，白藤就一边爬，一边长出新的钩刺刺进大树表皮。它爬呀爬呀，待白藤爬到树梢尽头，它就折转身子向下爬，接近地面时又翻转身子，如此循环往复，便形成了天然的藤圈。

白藤生活在密林之中，只有顶端才可能接近阳光，所以，它的茎干下部全是光秃秃的。

我国的广西、广东、福建、云南等地都盛产白藤，它的茎干又软又韧，可以做藤椅、藤榻和藤篮等藤制品。在医学上，白藤还具有解毒的功能，它的全株都可以入药。

49. 最大的花

1818 年 5 月 20 日，英国探险家莱佛士当时正在印度尼西亚苏门答腊岛的丛林里考察。忽然，他闻到了一种难闻的臭气。循着臭味一路寻去，莱佛士发现，臭气是由一种巨大无比的花朵散发出来的。它的直径达到 1 米，中央长着一个口小肚大的"坛子"，6 片肉质的花瓣从"坛口"的边缘伸出。这些花瓣颜色呈暗红色，上面缀有白斑。莱佛士将这怪花称作大花草。以后，人们便将莱佛士这一姓氏作为大花草的学名。

如今，科学家们已经弄清楚了，大花草是靠寄生生活的植物，它既无根，又无叶，也无茎，而仅仅将花茎寄生在白粉藤的身上。初时，只能看到寄生部位的开裂，后来便可见到一个小包。以后，小包慢慢长大，9 个月后竟变成一朵大的"卷心菜"。突然有一天，"卷心菜"开放了，它紧紧包裹着的"叶子"向空中舒展开来，散发出一种如同腐肉发出的臭气，招引了许多苍蝇和甲虫前来吮吸花蜜。

数天以后，大花草的花瓣颜色开始变暗，变黑，最后便变成一堆"稀泥"。然而，正是这堆"稀泥"又孕育着未来的花中之王。

植物学家告诉我们，大花草的重量虽然可达 10 多千克，但种子却出奇的轻。这些种子常常黏附在大象的脚底，到各地去安家落户。

大花草一共有 12 种，它们全都生活在南亚一带的热带雨林中。由于环境的变化，它们的生存正受到越来越严重的威胁。

50. 植物的活化石——水杉

水杉枝繁叶茂，树姿优美。春来嫩绿，夏至青葱，入秋变黄，临冬转红而叶色多变，因其"前无古人"被誉为植物的"活化石"，成为深受人们喜爱的名贵树种。

水杉为松科落叶乔木，其树身高大挺拔，树高可达 40 余米，枝条层层舒展，形如宝塔。水杉生长迅速，每年可长高 0.3 ~ 0.8 米，生长 10 年树高可达 10 米，20 年即可成材。水杉适应性强，遍布欧、亚、美洲，北到阿拉斯加，南到赤道以南的爪哇，都可见到它的身影。

水杉为何被称为植物的"活化石"呢？这要从它的身世说起。在几十万年以前，地球上广大区域里，都生长有繁茂的水杉类植物。后来，由于北半球北部冰川的影响，水杉类植物遭受严寒而基本灭绝了。近代，人们只在它生长的地层中发现约 10 种水杉化石。人们一直都以为水杉这种植物已经灭绝。一直到 20 世纪 40 年代，我国科学家在四川万县、湖北利川市首次发现活的水杉植株。其中，"天下第一"的水杉王就生长在湖北省利川市的谋道乡，当然，该市的小河乡也是水杉树的聚居地之一。这一发现立即震动了世界科学界，这种水杉树便被誉为"活化石"。1975 年，国务院把水杉列为我国一类珍贵树种。

为什么能在我国发现活的水杉呢？据研究发现，我国处于较低纬度，冰川时期大部分地区并未被冰川所覆盖，与欧美大陆冰川地区有较大区别。冰川的活动范围较小，整个地势略呈突起向南倾斜的马蹄形盆地，成为了植物的避难所。许多植物在这种特殊地貌的环境中被保留下来，水杉就是其中之一。

现在，我国已采取了一系列的措施保护水杉，使它能更好地生长、繁衍。同时，水杉的聚居地也引来了众多的外国友人，水杉树被远播到他乡列国。

51. "东方珍珠" 板栗

板栗是我国特产，它是一种优良的干果树种。我国板栗具有四大特点：历史悠久，分布范围广，产量多，质量好。这些方面均属世界领先地位。

板栗，通称栗子，属壳斗科，落叶大乔木，树高达 20 米，胸径 1 米以上。栽培后，一般 5~7 年即开花结果，15 年进入盛果期，经济寿命为 50~80 年，少数 200 多年的老龄树仍结果累累。山东省沂水县有一颗树龄 300 年的大板栗树，年产板栗 200 多千克。板栗同枣、核桃、柿子等一样，都是一年种多年收的"铁杆庄稼"。

板栗在我国分布很广，地跨温带、亚热带和热带，以黄河流域和长江流域各省为集中栽培区。全国有板栗林面积 25 万多公顷，年产板栗约 1000 多万千克。主产区为河北、北京、山东。

板栗果实营养丰富，含蛋白质 10.7%、脂肪 7.4%、糖 10%~20%、淀粉 60%，以及少量维生素和脂肪酶等。可生食、熟食、炒食、做菜食，还可制作各种精美糕点，自古以来被视为上等食品。

北方栗子特别是河北迁西的栗子，肉质细腻甜香，驰名中外，为传统的出口果品，在国际市场上称为"中国甘栗"，在日本享有"东方珍珠"的声誉。

板栗木是很好的经济用材，材质坚硬、抗湿、耐腐，是做枕木、桥梁、车船、建筑、家具和雕刻的优良用材。树皮、壳斗、嫩枝、木材髓部均含有鞣质和单宁，可提取拷胶。树皮、栗花、果壳、树根均可入药，能治疗喉疾、火霉、瘰疬、赤白痢疾等疾病。栗花又是蜜源植物。板栗树也是很好的绿化树种，多种植板栗，既有利于国土绿化，又能增加农民收入，利国利民，一举多利。

52. 万能杉木

　　杉木，属杉科，常绿大乔木，树高可达 30～40 米，胸径 3 米多，树冠尖塔形，树干通直圆满。杉木在我国分布很广，栽培区域达 16 个省区。

　　杉木原产于我国，是我国特有的主要用材树种，也是最古老的孑遗树之一，远在周代就有记载。《尔雅·释木》篇中称杉木为"煔"。我国栽培杉木，至少也有 1600 年的历史。晋代咸和四年（公元 329 年），陶侃任长沙太尉时，曾种杉于岳麓山，人称"杉庵"。直到清咸丰二年（公元 1852 年），太平军攻打长沙，杉庵在战火中被毁。照此推算，陶侃种植的杉树存活了 1500 年。

　　杉木是速生丰产树种和长寿巨大树种，中心产区 8 年即可成材。20 年生的杉树，每年胸径增加 1 厘米、增高 1 米。贵州省习水县西南 8 千米的东皇镇太平村下坝有株罕见的巨杉，树高 44.66 米，胸径 2.5 米，胸围 7.85 米，树冠幅宽达 22.66 米，主干材积达 48 立方米。经国内专家多次观察认定，习水太平巨杉是我国现存杉树中最为高大的一棵，被认定为全国"巨杉之冠"，取名为"中国杉王"。

　　杉木的用途很广，被誉为"万能之木"。杉木多用作各种建筑、造船和车辆材料。我国历代帝王建造宫殿、陵寝等，都要用杉木作为栋梁之材。北京城内不少金碧辉煌的古建筑，都是采用杉木建造的。

　　杉木纹理通直，结构均匀，不翘不裂，内含"杉脑"，气味芳香，防腐、抗虫、耐水浸，早在汉代就被作为棺椁的上等用材。1972 年，长沙马王堆一号汉墓出土的棺椁板，用的就是杉木，历经2000 多年而不腐，并且有效地保护了尸体。

53．"虚心守节"的翠竹

我国乃物华天宝之国，在长城以南的大半壁疆土上，到处都有翠竹分布。竹类资源之丰富和使用竹子的历史之悠久，均居世界首位。

全世界有竹类50 属，我国就占有30 属300 多个品种。各类竹林面积近330 多万公顷，其中产量多、经济价值大的毛竹有230 多万公顷，占全部竹类总面积的70% 左右。毛竹是竹类中的"巨人"，一般高10 ~ 15 米，胸径10 ~ 16 厘米，最高的可达20 米以上，胸径超过20 厘米。

竹子是多属性植物，它具有以下特性：

适应性强　山地、平川、沟谷、河畔、庭院、公园都能够"安家落户"。

守节不变　竹子出笋时多少节，长成大竹还是多少节。

生长快　竹笋一经出土，拔地而起。在一般情况下，两三个月可长成大竹，三四年即可成材。

繁殖力强　竹子栽培后，子而孙，孙而子，几年即形成大片竹林。

用途广　我国人民使用竹子可追溯到史前时期。从古至今，在生产和生活领域里，竹子得到最广泛的应用。宋代大诗人苏东坡描述岭南人："食者竹笋，庇者竹瓦，载者竹筏，爨（音 cuàn）者竹薪，衣者竹皮，书者竹纸，履者竹鞋，真可谓不可一日无此君也。"

竹子形态优美，婀娜多姿，经霜雪而不凋，历四时而常青翠，是森林中的闺秀，自古以来为人们所喜爱。

54. 古老的珍稀树种珙桐

珙桐别名水梨子，落叶乔木，树高可达 20 多米，是距今 6000 万年前新生代第三纪古热带植物的孑遗树种，为我国所特有。珙桐分布在四川、湖北、湖南、广东、广西、贵州、云南等省区的深山区，它同水杉、银杏、银杉等古老树种一样，被誉为植物"活化石"，列为我国一类保护树种。

珙桐多生长在海拔 1600~2000 米左右的森林中，有散生的，也有成片分布的。四川卧龙自然保护区内，就有一片 600~700 公顷的珙桐原始林。珙桐树形端正，树干通直，茂密的枝权向上斜生，好似一个巨大的"鸽笼"。每年四五月间开白花，花由一簇簇雄花和一朵两性花组成，近似于球形的头状花序，花色紫红，像鸽子头；花序生长在嫩枝的顶端，花没有花萼和花瓣。花序有总花梗，其上长有 2~3 枚大型乳白色的苞片，看上去整个花序被乳白色的苞片所遮蔽，像伸展着的鸽翅。当山风吹来时，"鸽笼"摇荡，"群鸽"在"鸽笼"里随风摇摆，酷似翩翩欲飞的白鸽，故有"鸽子树"之称。

在湖北省秭归（今兴山县）王昭君故里，至今还流传着鸽子传书的动人故事。相传王昭君和亲出塞后，带去了一群白鸽。她常怀思乡之情，每逢年节都要朝南三拜，并派白鸽传递家书。有一年春天，一群白鸽衔着家书，搏风雨、穿云雾，飞过九十九道河，翻越九十九座山，飞回昭君故里万朝山下。因山高路远，群鸽极度疲乏，栖息于珙桐树上，一瞬间，变成一朵朵大而美的鸽子花。从此，每年春末夏初，"鸽子树"开花，代昭君向故里的父老乡亲们问好。

我国已将珙桐列为一级保护植物，在湖北、湖南等地的林业科技工作者的努力下，已经成功培育出新的珙桐树苗，不但在国内种植，而且还像白鸽一样，带着中国人民的深情厚意，漂洋过海，飞到世界五大洲去安家落户。

55. "绿色医院"是怎么回事

有病到医院里去求医治疗，这是人所皆知的事。可你知道绿色的森林也能治疗某些疾病吗？这就是目前在国外比较盛行的一种"绿色疗法"。

森林中的绿色植物在进行光合作用时，能吸收二氧化碳，放出氧气，满足人类的需要，使大气中的碳氧循环保持平衡，而且还能吸收环境中的有毒气体，杀死空气中的细菌，有利于人类的健康。据科学家测定：1 万平方米的树木每天可吸收 1 吨的二氧化碳，放出 730 千克的氧气。如果有 10 平方米的树，就可以把一个人一天呼出的二氧化碳全部吸收掉。树木还可以吸收有毒气体，每 1 万平方米的垂柳在生长季节，每天可吸收 10 千克二氧化硫；1 万平方米刺槐，每天可吸收氯气 40 千克；加拿大杨、桂香柳等树还能吸收醛、酮、醇、醚和致癌物质安息吡琳等毒气；松树、榆树、桧柏等树木能分泌出一种挥发性的植物杀菌素，可以杀死空气中的细菌。据研究，1 万平方米松柏林，1 天能分泌出 60 千克杀菌素，故有"天然防疫站"之称。

森林同时会产生一种对人体极为有益的带电负离子。负离子具有调节神经系统和改进血液循环的功能，可以镇咳、止痉、镇痛、镇静、制汗和利尿，所以人们把它誉为空气中的"维生素"。如果有烧伤病人在做过手术后到林区里呼吸负离子空气，就可以加速伤口的愈合；患有气喘病、流感、高血压、风湿性关节炎、神经性皮炎等疾病的人，到林区里进行疗养，可以收到比吃药、打针还要好的效果。

森林中的树木分泌出的一种植物杀菌素，可以杀死结核、伤寒、痢疾、霍乱、白喉等病菌，所以，森林可以作为治疗结核病和肺气肿病的"医院"。病人在这里只要每天清晨和傍晚到林中呼吸 1～2 个小时带有杀菌素的空气，就可以起到治疗的作用，坚持数月，病情会大有好转以至痊愈。

这种"绿色医院"具有不需要设备、成本低、疗效好、没有副作用等优点，所以这种疗法在欧美和日本一些国家被采用后，很受人们的欢迎。

56. 植物——"绿色吸尘器"

粉尘有害人体健康，这是大家都知道的，但是，你知道社会发展到今天空气中的粉尘之多，危害之大吗？你又知道那神奇的"吸尘器"是什么吗？

在古代，空气中的粉尘主要是来自地面上的细小尘土。到了工业不断发展的今天，在空气中的粉尘，除了尘土之外，更多的是各种各样的金属和矿物质的微小颗粒。特别是工业使用煤和石油燃料在燃烧时放出的烟尘，卷入到空气中的数量大得惊人。据测试，每燃烧 1 吨煤至少有 3 千克粉尘上天，多的可达 11 千克。这些粉尘中只有 10% 比较大的颗粒沉降到地面，而有 3% 的小颗粒在空中飘游。如果发生一次大的火山爆发，就会有 1 亿立方米的细小颗粒喷出。据载，全世界每年大约向空中排放 1 亿多吨烟尘，1500 万吨二氧化硫。全世界每年因发生火灾而使约 66.7 公顷的森林被烧毁。燃烧

100 千克干柴，排入大气中的粉尘约为 2 千克，那么，约 66.7 公顷的森林火灾，就有 5 亿吨粉尘进入大气中。

这些粉尘在空中分布也不均匀。一些工业集中的城市，空气中的粉尘可多达 30~40 种，每年光是沉落地面的粉尘，在每平方千米的面积内就有 500~1000 吨，多的地方可达 5000 吨。如果把大气中飘游的粉尘平铺在地球表面上，厚度约达 0.5 厘米。飘游在空气中的这些粉尘，多是对人体有害的。如果空气中飘游的粉尘的浓度达到每立方米含 100 微克的时候，儿童呼吸道受感染的人数就会显著增加；含 200 微克的时候，慢性呼吸道疾病的死亡率就会显著增高；含 300 微克时，呼吸道疾病和心脏病死亡者就会突增。这些粉尘同其他有毒气体混合一起，在阳光照射下，能形成毒性很强的光化学烟雾，容易引起各种癌症，直接危害人的生命。如何控制这些有害人体健康的粉尘对环境的污染，方法有很多，而大量植树造林则是一种重要的措施。

据研究人员测试，约 0.2 公顷杉树林，每年可阻留粉尘 22 吨；约 0.2 公顷松树林，每年可以阻留粉尘 26 吨。在城市里，绿化的地方比不栽树的地方粉尘降落量要少 23%~25%，空中飘尘量要少 37%~60%。就连树木在落叶的冬天，其枝干也能使空中的粉尘降低 18% 以上。树木和其他一切绿色植物之所以有吸尘能力，主要在于它们有着庞大的表面积。约 0.2 公顷正常生长的草地，它的叶片和茎表面，可达占地面积的 22~38 倍；一株生长多年的松树，它的针叶连接起来，约有 200 千米长，加上树的枝干表面，总面积在 900 平方米以上；0.2 公顷生长繁茂的阔叶树林，仅叶面积就有占地面积的 75~80 倍。树木等绿色植物同空间有着这样大的接触，就好像一张张的嘴巴，伸向空中，把粉尘吸了进去。

树木吸收粉尘的第二个绝技是"抓俘虏"。粉尘在空中飘游需要借助风的力量。粉尘颗粒的大小不同，所需要的风力也不一样。如直径0.03毫米的粉尘移动时，所需要的风速是每秒0.25米，而直径1毫米以上的粉尘移动时，则需要每秒11米以上的风速。没有相应的风力，粉尘是无法飘游的。树木有降低风速的"魔力"，当粉尘经过树木时，突然失去飘游的动力，只好被迫降落，于是便成为了树木的"俘虏"。

绿色植物吸收粉尘的第三个绝技是它有特殊的捕捉粉尘的工具。这种工具就是它那叶面上许许多多的绒毛和大量的黏液。多数树叶的叶面，每平方厘米的面积长有绒毛约1000~2000根，分布的粘液有0.1~0.2毫克，只要粉尘落上就别想逃走。它虽不能把粉尘吞下吃掉，但可以把大量粉尘收集起来，待下雨时借助雨水把粉尘送到地面。粉尘落入林内，如同掉进了万丈深渊，再也不能回到空中到处飘游，污染环境。

每时每刻，绿色植物都在默默地过滤着空气中的粉尘，净化着人类的生存环境，故被称为"绿色吸尘器"。

57. 树中的"寿星"

公元19世纪，著名的德国自然科学家亚历山大·冯·洪德堡，来到了位于非洲西北岸、大西洋中的加那利群岛。

在那里，洪德堡看见了一棵被风刮倒的大树。这棵大树树高约15米，主干的直径将近5米。大风将它从离地3米处吹折，吹折处的直径超过了1米。

看到如此好的一棵大树被风吹倒，洪德堡心中大呼可惜。不过，他又想：这是一个好机会，何不乘此机会测量一下年轮的数目，看看它到底活了多少年。

可是，树干的内部已经被蛀空了，根本无法研究这棵大树的准确年龄。他只好数了一下树干外圈的年轮。嘿，还真不少！竟有2000多圈。加上蛀去部分的年轮，洪德堡估计，大树的年轮约有8000多圈，换句话说，它已经活了8000多年！

这棵大树就是赫赫有名的龙血树，一种属于单子叶百合科的常绿乔木。在一般情况下，龙血树可长到20米高，它的主干的直径常超过1米。为什么普通的单子叶植物，比如玉米、小麦等植物，茎干不能无限制加粗，而龙血树却能不断长粗呢？原来，这是因为龙血树茎里的薄壁细胞终生都能分裂，茎的直径因此就逐年增加。

龙血树的形体非常美观，它树形婀娜，呈"Y"型。叶略带白色，似根根小剑倒插在枝条的顶端。全世界共有150多种龙血树，它们全都生活在热带森林中。

龙血树因能分泌紫红色树脂而得名，这种树脂俗称"血竭"，有异香，可止血，也可治疗跌打损伤。正因为"血竭"有如此大的药用价值，所以我国的科学家一直在寻找生活在中华大地上的龙血树。

功夫不负有心人。1972年，我国植物学家终于在云南西双版纳的石灰岩上，发现了大片的野生龙血树。从此，依赖进口"血竭"治病的日子一去不复返了。

过去，人们一直认为龙血树是树中的"寿星"。因为在植物界中能活到8000多岁的除了龙血树，实在找不出第二种树。但最近有消息传出，在澳大利亚的昆士兰山中，有人发现了已经生活了15000年的一种苏铁科植物。是真是假，还有待进一步的查证。

58. 南瓜能长多大

南瓜是葫芦科一年生蔓生植物，卷须分枝。花单性，花冠钟形，

163

雌雄同株。果梗有棱，果实形状多种多样，因品种不同而异。

南瓜在世界普遍栽培，我国也广泛栽培。它是价廉物美的蔬菜。南瓜的种子是美味食品，还可入药，能驱除绦虫和血吸虫。

南瓜的果实可以长得很大。美国各州每年都有南瓜比赛。加利福尼亚州曾举行过世界上第一次国际南瓜锦标赛。来自加拿大温索尔市的一个大南瓜，重 171 千克，战胜了美国彭塔卢马市的一个重 143 千克的大南瓜。来自美国卡斯特罗谷的一位农民也曾以他种的 218 千克的大南瓜获得过加利福尼亚州南瓜比赛的第一名。加拿大新斯科舍省的农民迪尔，1983 年收获了一个特大南瓜，重达 224.3 千克。

1986 年 10 月，美国新泽西州的雅各布斯敦的罗伯特·甘卡兹收获了一个大南瓜，重 304.6 千克，周长 3.6 米，赢得了国际南瓜联盟比赛的冠军。当然了，这项记录将来还会被突破。

59. 最高大的树

望天树是我国最高大的常绿阔叶乔木。它是我国 70 年代新发现的稀有珍贵树种，产于云南南部励腊一带。在产地海拔 700～1100 米间低山山地可组成纯林，或组成优势森林群落。它的树型高大，常在 40～65 米之间，或者更高。它不仅树干高大通直，气魄雄伟，而且干形圆满，生长快，出材量高。材质优良，耐腐性强，适宜做胶合板、造船、建筑、桥梁、乐器、体育器材、高级家具及细木工等材料。

澳大利亚的杏仁桉是植物界的"高个子"，有棵杏仁桉高达 156 米，直径约 10 米，估计重约 2000 吨，是世界上最高的树木。杏仁桉由于树体高大，吸水量特多，人们往往将它种植在低湿的土地上。

由于这种树的种植，沼泽地变成了干燥地，蚊子失去了滋生的环境，有效地防止了疟疾的传播，当地人就给它起了"防疟树"的美名。杏仁桉为桃金娘科桉属植物。桉属植物全世界有600种以上，我国引种桉树约有80多年的历史，共80余种，主要栽培在温暖湿润的南方。桉树适应性强，耐瘠土，凡是广种桉树的地区，到处变得绿树成阴，木材自给有余，还遏制了疟疾的发生。桉树的枝叶可提取各种不同的桉油，在工业、医药和选矿上有很高的经济价值。我们平常吃的桉叶糖就是用桉油制成的。

60. 有趣的蛋树

不久前，蛋树在美国风靡一时，种植成风，庭院里，屋前屋后，都有广泛栽培。不久，它又从美洲传到了欧洲。

蛋树像小灌木那样，有50厘米高，茄科，模样像一株番茄树，但叶子要阔一点。它开紫色的五角形小花，结的是一个个白色的、椭圆形果实，表面坚硬而光滑。看上去仿佛绿叶下悬挂着一只只鸡蛋，饶有情趣。成熟后可以生吃，味道像"甜瓜"。它还可以做冷盘菜，也可以红烧了吃。

说来有趣，据法国自然博物馆的助教伊夫·德朗日说，蛋树最早来自中国。200年前，西班牙人把它从亚洲带到了美国的佛罗里达州。

蛋树的重新发现是很偶然的。1978年，有个美国人不小心摔了一跤，在地上看到了一粒种子，他好奇地拾了起来，并把它种在园里。不久这棵小树长出一种奇异的白色的"蛋"，他将它大量繁殖成幼苗，卖到市场上去，得到了惊人的欢迎，2个月里就售出了10万株。而且，不久在美国还成立了一个蛋树协会。

165

另一个法国人在佛罗里达州从美国人手中买下了蛋树在欧洲的专卖权。从 1979 年开始，他接待了来自世界各地的蛋树批发商，8 个月里就成交了 1 亿棵蛋树交易。从此蛋树传到了欧洲。

蛋树容易繁殖，种植也很方便，不需要特殊的培育，只要有水、阳光，它就可以生长。20℃ 左右的温度就可结出"蛋"来。

蛋树是喜温植物，它经得起夏日的暴晒，却受不了严冬的冰霜。现在，欧美国家用暖房来大量培育蛋树。蛋树热正，方兴未艾，商店的橱窗也纷纷用它来装饰，以求增添新的光彩。

61. 方形植物

假如问你：西瓜是什么形状？竹子是什么形状？蟒蛇是什么形状？你一定会正确地给予回答的。因为你吃过西瓜，用过竹子，在动物园里你也见过蟒蛇，你对它们的圆形身躯是太熟悉了。

数学家告诉我们，圆形物体耗材最省而容积最大，所以酒瓶、油瓶等容器总是圆形的。在自然界，生物多数也采用这种最佳设计方案。

可是天下之大，无奇不有，少数生物就生成一副方形模样。

1990 年底的一则报道说，地处大瑶山的广西金秀瑶族自治县，有 7 位农民就捕获了一条身躯呈方形的大蟒。大蟒身长 4 米多，重达 40 千克。

方竹已为许多人所知晓，尤其是在贵州的桐梓县。我国共有 6 个方竹品种，桐梓境内就有 5 个。

方竹之外，还有方柿。方柿又称四棱柿，食之甜美可口。

1985 年，在浙江山区新发现了一种奇特的方树，共 120 多株。树的主干株株成方形，棱角分明，树皮呈黄绿色。专家们从不知道这种树，现正在探究它的来龙去脉。在美洲巴拿马地区也曾发现过这种奇树，这种树不仅树身是正方形的，连年轮也是正方形的。人们也在努力地研究它。

除了自然变异而由圆变方的生物品种，人们正按照自己的意愿和需要让圆滑的生物变得棱角分明起来。例如，*1984* 年香港曾培育出一种体形四方的瘦肉猪种，谓之"四方猪"。

10 多年前，日本培育出了方形西瓜。美国培养育出了方形西红柿，轰动一时。然而我国早在明代就有方形葫芦在市场上出售了。有些葫芦上"又有突起成字为一首诗者"，为什么会有方形西瓜和方形葫芦呢？这是人工加工的结果。原来，在西瓜或葫芦初生时，就用木板围成四方，强行使它们长成方形，若在木板上事先雕刻诗句，那么，葫芦和西瓜上面就会"长出"诗句。

育种家为什么要花力气去培育方形品种呢？原因是：方形树木可减少建筑用材的损耗；方形蕃茄可方便机械采摘，能提高采摘的速度和质量。方形西瓜是在方框中结瓜的，这就不愁虫害的侵袭。方形瓜面积较小而且不会滚动，这就便于运输。加之方形瓜小巧玲珑，纹理美观，于是成了受欢迎的礼品。

62. 金松之娇

金松是常绿乔木，高达*30～40* 米，胸径 *3* 米。它是现代于古植物之一，它的树形端正，仪态万方，是世界五大庭院树木之一。

金松又名日本金松、伞松，属杉科。叶分两种类型：一种是由两片针叶愈合成狭长线形叶，扁平而厚，深绿有光泽；另一种是黄褐色鳞状小叶片。*4* 月上旬开花，雌雄同珠，球果卵状长椭圆形，*10* 月成熟，种子有狭翅。

在我国杭州、上海、青岛、南京、庐山、武汉等地均栽植有金松。

63. 能够自卫的树

人和动物在遭到威胁时，都会进行自卫，那么植物可不可以自卫呢？

美国东北部生长着大片橡树林。1981 年，一种叫舞毒蛾的森林害虫大肆蔓延，把 400 万公顷橡树叶子啃食得一点不剩，橡树林受到了严重危害。可是，1982 年，当地的舞毒蛾却突然销声匿迹，而橡树叶子却郁郁葱葱，生机盎然。这使森林科学家们感到非常奇怪，因为舞毒蛾是一种极难扑灭的森林害虫，大面积虫害更难防治。而且，自从舞毒蛾为害以来，当地既没有派人捉虫，也没有施用杀虫药剂，舞毒蛾怎么会自行消失呢？通过分析橡树叶子化学成分的变化，科学家发现了一个惊人的秘密：在遭受舞毒蛾咬食之前，橡树叶子中含有单宁酸很少，而在咬食之后，叶子中单宁酸大量增加。单宁酸跟害虫胃里的蛋白质结合，使得叶子很难被害虫消化。吃了含大量单宁酸的橡树叶子，害虫浑身不舒服，变得食欲减退，行动呆滞，不是病死，就是被鸟类吃掉。依靠单宁酸这样奇妙的自卫武器，植物居然战胜了动物！

此外，在阿拉斯加，也发生过这样有趣的事。1970 年，阿拉斯加原始森林中的野兔繁殖发展非常迅速。它们啃食植物嫩芽，破坏树木根系，严重威胁森林的存在。

眼看大量森林就要遭到毁灭，这时，野兔却突然集体生起病来，有的拉肚子，有的病死，几个月之内，野兔数量迅速减少，最后在森林中消失了。野兔怎么会突然消失呢？科学家发现，森林中所有被野兔咬过的树木，在它们新长出的芽、叶中，都产生一种叫萜烯的化学物质。就是这种物质使得野兔生病、死亡，最终远离这片森林。

以上事实引起植物学家们的极大兴趣。森林战胜舞毒蛾和野兔，能不能算是植物的自卫呢？

为了回答这些问题，英国植物学家厄金·豪克伊亚对白桦树林进行了大量观察研究。他发现，白桦树在被昆虫咬伤后，树叶中含有的酚会增加，这样，叶子对昆虫的营养价值就降低了。通常，酚类在叶子遭到昆虫咬食后的几小时到几天内就生成，这能抑制昆虫的进攻。这种酚的形成是暂时的，一旦害虫的威胁解除，叶子中的酚也会减少。如果白桦树经常受到昆虫侵袭，树叶中会产生一种长期抵抗昆虫的化学物质。别的有关科学家，也在枫树、柳树等其他植物叶子中，发现了树内酚醛、树脂等抵抗害虫的化学物质。根据这些研究，一部分植物学家提出，植物是有自卫能力的，它们在遭到昆虫或其他动物侵害时，能像动物一样，迅速做出自卫反应。通过体内的化学变化，产生出抵抗害虫的物质。

更奇怪的是，美国华盛顿大学戴维·罗兹还发现，当柳树受到毛虫咬食时，不但受到咬食的柳树会产生抵抗物质，而且3米以外没有受到咬食的相邻的柳树也会产生抵抗物质。也就是说，植物还能"互通情报"，进行集体自卫！美国达特默思学院的伊恩·鲍得温也发现，糖槭树受到昆虫袭击时，不但受到袭击的树产生抵抗物质，而且还产生挥发性化学物质，通过空气向四处散发，像"防虫警报"一样，使周围的糖槭树也产生抵抗物质，做好自卫准备。罗兹和鲍得温报道了这样奇妙的植物"集体自卫"现象，他们也认为，这是植物特殊的自卫现象，植物能够进行自卫，能够为自卫而进行化学通讯。

　　然而，有的植物学家不同意植物能够自卫的说法。他们认为，自卫是有目的的反应，植物没有神经系统，没有意识，不可能产生自卫行为。他们还指出，尽管人们发现了一些能产生抵抗物质的植物，但是种类并不多，还有许多植物并不表现这种所谓的"自卫"能力。

　　植物有没有自卫能力？这一争论引起众多植物学家、生态学家的注意。使研究者们困惑不解的是，植物没有感觉神经，没有意识，它们是如何感知害虫的侵袭？又是如何调整体内化学反应，去合成一些对于自身生长代谢并无作用，却能使害虫不感接近的化学物质？它们又是怎样散发和接受化学"警报"，协调群体抵抗害虫的"行为"呢？只有弄清这些植物生理学机理，才能最终解开植物自卫之谜。

64．花的特殊本领

　　古巴有种花，一到傍晚就发光，像千万只萤火虫。发光的原因是花蕊中含有大量的磷。人们称之为"会发光的花"。

　　在我国青海、新疆有一种能报时的花。春夏之际，在青海湖畔和新疆的玛纳斯草原，到处盛开着艳丽的花儿。橙红色的蝶花在中午时开、淡黄色的花在早晨8点左右开、灰色的烛状花在下午6点开。

　　在新西兰有一种报雨花。当空气中的湿度升到一定值时，它的花瓣就萎缩包卷起来；而当湿度降到一定程度时，它的花瓣又会慢慢地伸展开来。当地居民们出门时总要先看看它，如果花开得很精神，就预示着不会下雨；如果花萎缩不展，就说明天要下雨了。

我国广西桂北山区有一种罕见的花卉植物，当地人称它为"魔术花"。这种花每到春季就长出形似桂花的小花苞，4～5月间，每棵树约有600～700百朵花相继开放。最为奇特的是，这种花从花开到花谢阶段会有规律地喷射出一个个白色的、直径约3厘米的环形烟雾，喷到20厘米长才消散。而后花朵就由红晶体变成透明的水晶花。这种奇观每年一般可持续40天之久，直到花朵完全凋谢为止。

印度尼西亚有一种能预知火山爆发的花。每当它开花之后，当地便会发生火山爆发。因此，当岛上居民见到这种花开放时，就搬到安全的地方，以躲过灾祸。人们也叫它为"会报警的花"。

在非洲扎伊尔惹与湖的水面上有种荷花，它的花盘很大，在花的茎部有4个气孔，气孔的内壁上覆盖着一层润湿的花膜，好像贴在笛孔上的芦花一样。微风吹来，气流进入气孔，振动了花膜，就发出响声，好像笛声。因此人们称这种花为"会吹笛的花"。

在印度尼西亚苏门答腊的森林中，有一种花的直径为1～1.5米，花瓣厚度有1.4厘米左右，每朵花重达5～8千克，花里能坐一个大胖子。

65. 会泌盐的草

从锦西一直到广东省电白的沿海滩，不少地方都长着茂密的大米草，好像一条绿色的绸带。

大米草属禾本科多年生草本，丛生，是一种喜水耐盐的植物。它的秆直立，根状茎粗，能迅速蔓延，叶片线状，再生能力强。大米草原产于英国沿海地区，我国引种后生长良好，经过天然杂交，比欧洲海岸的大米草和美洲互生大米草的植株高大。

171

海滩地带土壤中，含有大量的盐分，其他的植物都不能生长，只有大米草还可以生长呢。

为了避免盐分过多的伤害，大米草的体内不累积盐分，而是通过叶子背面的盐腺分泌盐，把体内多余的盐分排出体外。含氯化钠的液体分泌到叶子的表面，待水分蒸发掉后，分泌液中含的氯化钠慢慢地变成盐类的结晶，遗留在叶的表面。这些遗留在叶子表面的盐分，经风一吹、雨一洗，就纷纷掉下来了；或者到了秋天叶子黄时，随着脱落的叶子而脱离植株体。人们把这种能分泌盐的植物，称为泌盐植物。

具有分泌盐这种特殊功能的植物，不仅仅只有大米草一种，像生长在我国甘肃、新疆等地的瓣鳞花，生长在海滨的马牙头，红树林中的白骨壤（海揽雌），以及怪柳、胡杨等，都属于泌盐植物。

66. 会捕猎的草

捕蝇草是北南卡罗来纳州的土产，属许多食肉植物中的一种。它靠把动物的蛋白质消化成简单的可溶氨基酸为生。它的叶子长在中间。它那像丝一样的叶子平时是伸展着的，露出鲜红的叶心。当昆虫落在它的上面时，那伸展的叶子立刻就会合起来，紧紧地夹住昆虫，而后这种植物的消化液便在小昆虫身上起作用。

捕蝇草从捕捉昆虫到把它消化这一过程通常要10天，尔后再次张开，把不能消化的部分（如翅膀和鳞片）排除掉。

猪笼草是维纳斯捕蝇草的近亲，生长在美国北方，有一个不大、形如水罐子的囊袋从它的叶间长出。当小昆虫被它的气味诱入圈套，爬过光滑的罐口时，往往失足掉进罐底。袋内生长的浓密硬毛使得

172

这个牺牲品无法爬出罐外，并且很快死于有毒的消化液中。

最高明的杀手或许是狸藻了。狸藻通常生长在热带地区的池塘，或流动缓慢的小溪流里，或扎根于淤泥，或逐风而飘。它的叶细长，有多个叶面，每叶上都长有一打左右的小袋囊。这些小袋都是捕捉器，入口是一个只能从外面推进而无法从里面推开的门，昆虫从这里被吸进去。

不是所有捕捉昆虫的植物都有机械装置，比如毛毡苔便是用"捕蝇纸"捕捉虫子的。北美、澳大利亚和南非的毛毡苔是一种有甜味的植物，它的花能杀死粗心大意的昆虫。它的针垫中部有粘性很强的胶，昆虫一旦飞在上面就会被紧紧粘住。然后，闪闪发光的针头弯下来把昆虫缠住——毛毡苔就开始它的美餐了。

捕蝇薰通常生长在北半球，是一种多叶植物。它平直地躺在潮湿多苔的地上，等待着昆虫的到来。当飞蛾和蜜蜂飞到它上面觅食时，捕蝇薰就分泌出一种粘液把昆虫粘住，再卷起叶子绷住昆虫，随后再分泌出消化酶来消化昆虫的蛋白质。

67. 榕树传授花粉的绝技

榕树在我国南部地区生长得郁郁葱葱，姿态万千，构成了自然界的一大奇观盛景。而它传授花粉的"绝技"则更为奇妙有趣。

榕树没有艳丽多姿的花朵，甚至像无花果一样，人们根本就看不到它开花，但它却又是靠昆虫来传授花粉繁殖后代的。那么，它是靠什么"绝技"让昆虫来为其传授花粉的呢？

榕树有和无花果一样的特殊花序构造。它的花朵被包在肉质的花序托内，属于隐头花序。剖开花序才能见到很小的花，有雌花、雄花、瘿花3种。雌花有一个雌蕊，花柱细长；雄花往往有1~2个雄蕊；瘿花是一个特殊化了的不孕雌花，专门供昆虫寄居，它的花柱短、柱头宽呈漏斗状，可供昆虫在里边产卵。有的花序托内同时生长着3种花，也有的只生长雄花和瘿花，雌花则生长在另一个花序托果内。果顶口由许多密生的苞片封住，蝴蝶、蜜蜂都无法进入传粉，风也无法吹进去传粉。那榕树以谁为媒介来授粉呢？它是专靠一种寄生于瘿花内的榕小蜂来为其做媒，传授花粉的。这种蜂很小，可以在2~3毫米的层花中藏身。当雌、雄花开放时，榕小蜂已成熟，雄蜂从瘿花子房壁上咬开一个小洞爬出来，到处寻找雌蜂寄生的瘿花。雄蜂在雌蜂寄生的瘿花上咬开一个小洞，与雌蜂交尾。雌蜂交尾后，扩大雄蜂咬开的小孔，钻出瘿花。雌蜂有完好的翅膀和触角，可以飞向其他花序，产卵繁殖。雌蜂在产卵过程中，就为榕树做了"红娘"，为它传授了花粉。

榕树传授花粉，方法之奇特绝妙，是一般植物所不及的。为了"媒人"，榕树特设了瘿花这个"客房"作为榕小蜂休养生殖的栖身之所，正是由于它们的相依为命，因而达到了共同繁荣的生殖目的。

68. 接受太空信号的植物

1971年10月的一天，美国一位电子工程师乔治·劳伦斯和他的一位助手来到加利福尼亚州南方特梅库拉村附近的橡树林公园。这是一个类似沙漠一样荒凉的地方，他们的目的是为了记录野生橡树、仙人掌和丝兰发出的信号。

他们选好了位置，放好了仪器，便坐在离仪器约9米远的地方休息，吃点东西。当劳伦斯咬了一口肉肠后，发现仪器上那种稳定的哨音声被一系列清晰的脉冲干扰了。起初他以为，这信号可能是由于他杀死了香肠中的某些细胞而引起的，可马上又想到，肉肠中的细胞早已死了，劳伦斯对此感到非常惊奇。这种声音信号继续发出清晰的、连续不断的脉冲，长达一个半小时以上，一直到机器原来的哨音恢复，表明再没有收到什么才停下来。信号肯定来自什么地方，因为他的仪器始终向着天空。他怀疑这可能是某种东西或某人从外层空间发出的信号。

劳伦斯为想到这一问题而激动不已，在接下来的几个月时间里，他改进了他的仪器，名之曰"用于接收星际间信号生物动力站"。1972年4月，他把他那台精良的仪器，又对准了那次嚼香肠时对准的方向——大熊星座，做进一步的试验。打开发声信号几分钟以后，仪器开始收到一种虽短促但可找到规律的信号。劳伦斯说，在他监测天空的一个单一的地方时，大约每隔3-10分钟就可收到一次一系列迅速的脉冲，一直延续好几个小时。他不明白这种信号是从什么地方发来的，又是谁发出的。但是他认为极有可能是星际间的漂流物，为它们原来的星体执行什么任务。他说："这些信号可能是在天体赤道上绕行，这个赤道上有稠密的星球。我们可以从这一星域获得某些东西，而不是从大熊星座。"

劳伦斯在莫洽维沙漠证实了他的第一次观测之后，又继续在他的实验室里做试验，将他的仪器指向同一坐标，让它日夜不停地监测。劳伦斯一等就是几个星期，有时几个月。终于收到了一种地球上发不出来的信号。

劳伦斯相信，总有一天人们能用电脑分析出录下的信号，可为它的性质提供更多的线索。因为信号发出极快，人手无法摘引其数据。但即使是使用电脑分析，也未必能获得什么乐观的结果，因为"这些信息具有某种属于个人的性质，当代电脑技术不能破译它们。"

就连利用热能、环境压力、静电场以及重力变化的机械装置也不能承担截取来自外层空间信号的任务。劳伦斯设想，根据植物的特有属性，也许能承担这项任务。因此，劳伦斯正在努力研制一种生物型的监测器，与外层空间进行联络。

劳伦斯认为，从长远的观点看，与外层星系的生命进行接触是十分重要的。如果这一目标能够实现，那么，植物王国里的许多谜团都会被解开。

劳伦斯的研究逐渐得到了社会的承认。1973 年 6 月 5 日，圣贝纳迪诺一家学院的研究部宣称，在劳伦斯的指导下，创办了世界上第一个生物体星际沟通联络的观察所。劳伦斯制定了他称之为"天体学"的新的信号接收联络系统。这个学院的院长爱德华·约翰逊说："由于无线电天文学不能察知来自空间的信号，学院支持劳伦斯的主张。无线电联络已经过时，以生物信号联系联络的方法应予以试验。"

劳伦斯认为，也许植物是真正的与外星生物联络的媒介，因为是它们将早期的矿物世界转变为适于人类生存的栖息地。我们现在所要做的是消除任何神秘主义，要使植物做出反应，包括沟通联系，不应死抱着保守的物理学不放。我们的仪器制造应反映出这方面的行动。

如果劳伦斯的路子是对的，那么人们热情向往的制造出金属运载工具遨游广袤太空的设想，也将像哥伦布的"圣玛丽亚"号一样成为历史陈迹。劳伦斯指出，有智能的生物能够在顷刻间超过数百万光年的距离进行联络。我们可以不用太空船，而是用专门的"电话号码"去接触它们。尽管这项工作仍处于探索阶段，但它的生物动力野外站已经迈出了第一步。植物将作为美好、愉快和有效的合作者，去接通通向宇宙的电源开关。

69. "泌乳"的树

一些到摩洛哥西部游览的观光客，常为自己能够看到一种奇树而感到满足。

奇树的名字叫"彭笛卡撒尼特"，当地话的意思是"奶树"。奶树高仅 3 米多，全身红褐色，叶片呈厚皮革样，开的花十分洁白，开罢花便在枝头结一个奶苞。奶苞呈椭圆形，前端开口，成熟后便充满奶汁，稍一碰触，便从开口处流出黄褐色的奶液来。

令人啧啧称奇的是，奶树并不用种子繁殖。当成年的奶树长到一定时候，树根上便会长出棒状的小奶树来。

小奶树慢慢长大，已经到了要独立生活的时候。这时，老奶树便拼命分泌奶汁，使奶苞慢慢胀大，将乳汁一滴滴滴在地上，养肥了土壤。与此同时，长出小奶树的部位，其上方的老奶树的叶子忽然全部枯萎，露出头顶一方天空来。小奶树幼嫩的黄叶见光以后，马上变成绿色，独立地进行光合作用。

生在摩洛哥的这种奶树，专为后代分泌奶汁，而长于南美巴西亚马逊河流域的"牛奶树"，分泌的奶汁竟可以供人饮用。

牛奶树的树皮一旦被刀子割开，便会流出营养成分、味道都与牛奶相近的"牛奶"。每棵"牛奶树"每次产"奶"达 3 升。

70. "自焚"树

生物界真是千奇百怪。动物能"自杀"，植物也能"自杀"。

177

毛里求斯岛上有种棕榈树，可以活到100岁。突然，在一天中叶片全部掉落，然后干枯而死。人们发现这种情况，给它个外号"自杀树"。此树何以要"自杀"？何以要采取这种方式"自杀"？谜团至今未能解开。

在西班牙，生有一种能够"自焚"的树。它长到15岁以后，自身可以分泌出大量的树脂，这种树脂在低燃点下就能起火。于是，有时在骄阳下它们会"自焚"而成为一个巨大的火炬。

南亚热带森林中有些花草，由于花内含有过量的芳香油脂，它们在干燥季节也可能自燃。这正是引发森林大火的原因之一。

按理，生物在进化过程中应该具有自我保护机制，可这些植物却能"自杀"，真是不可思议。

1988年4月16日，上海市有棵树叶翠绿、躯干粗大的槐树突然冒出耀眼的火星，继而从树洞中窜出熊熊火焰。消防队赶到扑灭了火舌。可没隔多久，火焰又从树洞中钻出来，且越烧越旺，消防队员又花了半个多小时才让它熄灭，然而槐树依旧余烟缭绕。数百名群众虽目睹槐树"喷火"却不明究竟。

不过，有的树居然经得起烈火的"考验"。1990年12月5日，广西容县有株千年古树，由于小孩在树洞里玩火而燃着。消防车、抽水机立即前去灭火，可高压水龙头无能为力，火苗越烧越旺，烈火接连烧了两天三夜。奇怪的是，劫后余生的古树仍然生机盎然。

71. 地球是从太阳中"甩"出来的吗

许多科学家对地球的起源问题提出了种种假说。有的科学家认为，地球是从太阳中"甩"出来的；有的科学家认为，地球是由于太阳内部爆炸而"抛"出来的；还有的科学家认为，地球是其他恒星偶然掠过太阳附近时，由于引力作用从太阳中"拉"出来的。

18 世纪 50 年代，著名的德国哲学家康德提出了一个"星云说"来解释太阳系的起源。他认为，一切恒星都由弥漫在太空中的物质微粒凝聚而成的，太阳也不例外。这种云雾状的物质微粒叫"星云"。他设想，形成太阳系的特质微粒一开始分布在比当今太阳系大得多的空间范围内，最初是一片混浊。在万有引力的作用下物质微粒互相吸引，引力大的微粒吸引周围引力小的微粒，逐渐形成了团块。比较大的团块成了引力中心体。中心体不断吸引四周的微粒和小团块，使自己逐渐变大，最后凝聚成太阳。在微粒被吸向中心体的过程中，微粒与微粒之间有时候相互碰撞，结果没有被吸附在中心体上，而是围绕着中心体旋转起来。这些微粒又各自形成小的引力中心，吸引周围的微粒，最后凝聚成行星。有一些没有落到行星上的微粒也经过同样的过程，凝聚成为卫星，围绕着行星转。这样便形成了有规律地运行的太阳系。

在康德之前，波兰天文学家哥白尼提出了"日心说"，指明地球是围绕太阳运行的，但是他没有解决地球起源的问题。康德的"星云说"似乎比较圆满地解释了太阳、地球和其他行星、卫星的形成和运行规律。虽然这些假说都有一定道理，但都不能完美地解释地球起源和种种问题。因而，地球的起源究竟在哪里，还是一个待解的谜。

72. 地球转动之谜

众所周知，地球在一个椭圆形轨道上围绕太阳公转，同时又绕地轴自转。因为这种不停的公转和自转，地球上才有了季节变化和昼夜交替。然而，是什么力量驱使地球这样永不停息地运动呢？地球运动的过去、现在、将来又是怎样的呢？

人们最容易产生的错觉，是认为地球的运动是一种标准的匀速运动，否则，一日的长短就会改变。伟大的牛顿就是这样认为的。他将整个宇宙天体的运动，看成是像上好发条的机械一样，准确无误。

其实，地球的运动是在变化着，而且极不稳定。根据"古生物钟"的研究发现，地球的自转速度在逐年变慢。如在 4.4 亿年的晚奥陶纪，地球公转一周要 412 天；到 4.2 亿年前的中志留纪，每年只有 400 天；3.7 亿前年的中泥盆纪，一年为 398 天。

到了亿年前的晚石炭纪，每年约为 385 天；6500 万年前的白垩纪，每年约为 376 天；而现在一年只有 365.25 天。天体物理学的计算，也证明了地球自转正在变慢。科学家将此现象解释为是月球和太阳对地球的潮汐作用的结果。

石英钟的发明，使人们能更准确地测量和记录时间。通过石英钟记时观测日地的相对运动，发现在一年内地球自转存在着时快时慢的周期性变化：春季自转变慢，秋季加快。

科学家经过长期观测认为，引起这种周期性变化，与地球上的大气和冰的季节性变化有关。此外，地球内部物质的运动，如重元素下沉，向地心集中，轻元素上浮、岩浆喷发等，都会影响地球的自转速度。

除了地球的自转外，地球的公转也不是匀速运动。这是因为地球公转的轨道是一椭圆，最远点与最近点相差约 500 万千米。当地球远日点向近日点运动时，离太阳越近，受太阳引力的作用越强，速度越快。由近日点到远日点时则相反，运行速度减慢。

还有，地球自转轴与公转轨道并不垂直。地轴也并不稳定，而是像一个陀螺在地球轨道面上作圆锥形的旋转。地轴的两端并非始终如一地指向天空中的某一个方向，如北极点，而是围绕着这个点不规则地画着圆圈。地轴指向的这种不规则，是地球的运动所造成的。

科学家还发现，地球运动时地轴向天空划的圆圈并不规整。就是说地轴在天空上的点迹根本就不是在圆周上的移动，而是在圆周内外作周期性的摆动，摆幅为9°。

由此可以看出，地球的公转和自转是许多复杂运动的组合，而不是简单的线速或角速运动。地球就像一个年老体弱的病人，一边时快时慢、摇摇摆摆地绕日运动着，一边又颤颤巍巍地自己旋转着。

地球还随太阳系一起围绕银河系运动，并随着银河系在宇宙中飞驰。地球在宇宙中运动不息，这种奔波可能自它形成时起便开始了。

就现在地球在太阳系中的运动而言，其加速或减速都离不开太阳、月亮及太阳系其他行星的引力。人们一定会问，地球最初是如何运动起来的呢？未来将如何运动下去，其自转速度会一直变慢吗？

也许，人们还会问，地球运动需要消耗能量吗？若是这样，它消耗的能量又是从何而来？它若不需消耗能量，那它是"永动机"吗？最初又是什么使它开始运动的呢？存在着所谓第一推动力吗？

第一推动力至今还只是一种推断。牛顿在总结发现的三大运动定律和万有引力定律之后，曾尽其后半生精力来研究、探索第一推动力。

他的研究结论是：上帝设计并塑造了这完美的宇宙运动机制，且给予了第一次动力，使它们运动起来。而现代科学的回答是否定的。那么，地球乃至整个宇宙的运动之谜的谜底究竟是什么呢？人类渴望早日找到破解地球转动之谜的密码。

73. 地球未来的幻想

地球未来会怎样？对此，科学家们各执己见，争论不休。

有的科学家通过对阿尔卑斯山的调查研究，推断地球的半径比2亿多年前，即阿尔卑斯山开始形成时缩短了2千米。由此可以推算出地球的半径每年缩短0.01毫米。

有人说，地球长期以来一直在变大，所以才把本来包住整个地球的大陆撑裂了，现在这些裂缝还在继续加宽，说明它还在膨胀。

有人说，地球有可能会变成另一个金星。因为温室效应会使地球温度越来越高。到2100年，全球平均气温升高3℃时，海平面能够升高30米。照这样下去，过几万年或更久以后，地球会变得毫无生气，成为云遮雾盖的金星，那时，人类将在地球上无法生存。

有人说，地球未来会毁灭。首先是由于人为因素所致。人类不断使用矿物性能源，它们在燃烧中产生大量二氧化碳，聚在大气层中，阻止了热量向外散发。经过很长时间之后，地球表面温度会不断上升，因而两极的冰雪将会融化，海洋的水平线将会升高500米，所有的陆地都将被海水淹没。

其次是由于自然毁灭因素所致。由于构成地壳的6块主要浮动层正不断地缓慢移动，当这些地层板块互相碰撞时，地壳便会产生变化，因此，地震、火山爆发、海啸等现象将频频出现，这将给地球生物带来严重的灾难。气象学家预计，下次的冰河时期将会在2.5万年以后出现，这是由于地球地轴的方向正在慢慢地改变，到了2万年之后，即使在夏季，气候也会变得非常寒冷，所有生物都会死亡。

三是由于来自太空的毁灭性打击，而造成地球毁灭。未来可能会有巨大的太空物体与地球相撞，从而导致地球毁灭。还有，太阳和月亮引力引起的潮汐，终将有一天会对地球造成可怕的损害。根据太空科学研究，潮汐的力量能把地球的转速拖慢。经过几亿年之后，月球可能距地球只有 1.6 万千米，这时，月球对地球潮汐的引力，可能是现在的 1.5 万倍，于是上千米高的巨浪将以每小时 800 千米的速度横扫地球。从而使地球上的生的毁灭。

另外，核战争也会促使地球毁灭。

地球的未来到底会怎样？只能等待时间去验证了。

74. 神秘的线

如果你拿出地球仪的话，就会发现，上面有一条纵贯太平洋的直线。这是一条神秘的线，同一时刻它的东西两侧竟是不同的两天。因为有了这条线，世界各国和各地区就不能够同时辞别旧岁迎来新年，而是有早有迟。比如，我国就是第十二个跨进新年的国家。

众所周知，地球每天绕地轴不停地向东旋转，形成昼夜的不断交替现象。因此处于偏东边的地区，一天开始的时间就来得早，结束的时间也早。那么，地球上的东边和西边如何确定呢？新的一天从哪里起止呢？地球可以分成东西两半部分，从 0℃ 经线往东到东经 180° 为东半部，从 0° 经线往西到西经 180° 为西半部。而东经 180° 线与西经 180° 线是重合在一起的，它既是地球的最东端，又是地球的最西端，这条线叫做"国际日期变更线"，简称"日界线"。它是纵贯太平洋的一条直线，但因照顾附近地区和国家居民生活方便，不至于被直线"一分为二",所以这条线的个别线段略有曲折。地球上每一个新的日期就从这条线开始,所以这条线两侧日期永远不相同。

位于日界线西侧的汤加王国,是全世界最早迎来新年的国家,而紧靠日界线东侧的西萨摩亚国,则是全世界最后辞别旧岁的国家。当汤加已是 1993 年元旦凌晨 1 时的时候,西萨摩亚才是 1992 年 12 月 31 日凌晨 1 时。这两个大洋岛国之间,东西相隔不过两三百千米,仅是一线之隔,日期却始终差一整天。1993 年元旦,在汤加已年满 60 岁的老人,如果越过日界线跑到西萨摩亚的话,却只算 59 岁,不到"花甲"。

目前,国际交往日益频繁,因此,旅行者就有连续过两个元旦和过不上元旦的时候。比如,你在 1 月 1 日那天快要结束的时候,乘飞机或轮船从西向东越过日界线,那么,你在日界线东侧又要重新过一个元旦;相反,如果你在 12 月 31 日那天快要结束的时候,从东向西越过日界线,那么,对不起,那里已是 1 月 1 日了,你只好再等一年才能过上元旦。

75. 地球光环之谜

人类觉察到太阳系行星上的光环,可能是 300 年以前的事了。17 世纪,科学家伽利略首先从天文望远镜里看到土星周围闪耀着一条明亮的光环。后来,人们又用天文望远镜观察了太阳系的其他行星,数百年过去了,也没有听说它们周围出现光环。所以人们长期以来一直认为土星是太阳系中唯一带有光环的行星。

1977 年 3 月 10 日,美国、中国、澳大利亚、印度、南非等国的航天飞行器,在对天王星掩蔽恒星的天象观测中发现了奇迹。他们看到天王星上也有一条闪亮的光环！这一发现打破了学术界的沉默，在世界上掀起了一阵光环热，各国派出越来越多的航天飞行器去太空探秘。

1979 年 3 月，美国的行星探测器"旅行者 1 号"飞到距木星 120 万千米的高空，发现木星周围也有一条闪亮的光环。同年 9 月，"先驱者 11 号"在土星周围又新发现两个光环，土星周围已经是三环相绕了。

太阳系其他行星上相继发现光环以后，作为太阳系行星之一的地球，会不会也有光环呢？它以前有过光环或者将来还会有吗？对此，人们开始了思考。

地球曾有过光环吗

面对太阳系中其他大行星光环的相继发现，科学家们首先提出了"地球上曾经有过光环"的大胆设想。他们认为地球和其他行星一样，同在太阳系中，绕太阳运转，也应该有光环。这些科学家在地球上找到了许多地外物质，他们推测这些物质可能就是地球光环的"遗骸"。

美国有一位叫奥基夫的天文学家，曾经解释过这种光环现象的形成。他说，6000 万年前的始新世，由于月球上的火山喷发，大量的陨石碎块被抛到地球，它们中的一部分变成陨石雨降到地球表面，另一部分则进入地球外层形成了光环。奥基夫还推测，在那个时代，地球上赤道的上空出现了光环，它在地球上投下了淡薄的阴影。据估算，这个阴影遮蔽了地球上 1/3 的阳光，使得地球上冬天变得更冷。当时的北半球，夏季太阳的直射点位于赤道以北，这时赤道上空的光环影子正投向处于冬季的南半球，从而大大降低了南半球的气温。而此时正处于夏季的北半球没有光环的影子，所以北半球气温正常。当北半球进入冬季以后，光环的影子也随着移过来，从而使北半球气温降低而变得更冷。这种假说较为合理地回答了 6000 万年前地质时代的气候问题，解释了当时地球上冬天气温异常寒冷，而到夏天气温又较正常的奇怪现象。

地球上的光环是怎样消失了的呢？奥基夫推断是被阳光吹掉了。他说，太阳的光线可能像一股股涓涓细流，打在什么东西上就对什么东西产生压力。在没有摩擦力的空间环境里，它在几百万年的时间里，足以把光环里的粒子吹离地球的轨道。

地球将来会有光环吗

根据奥基夫的推断，如果月球火山还保持活动的话，地球将来还会再度形成光环。

对这位美国学者的观点，学术界对此观点看法一直未能统一，他的观点遭到了许多人的反对。但这些反对者中，许多人对"地球将来还会有光环"的预见并没有异议，所不同的只是在形成地球光环的物质上。有人认为形成地球光环的物质，并不是奥基夫所说的由月球上火山喷入地球轨道的熔岩，而是在地球强大引力作用下月球崩落下来的碎块。

根据天文学的理论估算和古生物的测定，在大约 5 亿年前的奥陶纪，地球上的一年有 450 天左右，每昼夜只有 21.4 小时，到了距今约 4 亿年的泥盆纪，一年仍有 400 天左右，每昼夜约合 23 个小时。这说明在漫长的地球发展史上，地球自转速度渐渐变慢。这是什么原因造成的呢？专家们说主要因素是潮汐作用。

潮汐是自然界由于天体对地球各部分的万有引力不等引起的潮涨潮落现象。引潮力的大小与天体的质量成正比，与天体距地球的距离的立方成反比。因此，月球的引潮力是太阳的 2.2 倍。我们知道，月球在天空中每天东升西落，它在地球上的潮汐隆起（大阴潮），也是从东向西运转的。这种运转方向正好与地球自转相反，潮汐和浅海海底的摩擦对地球起制动作用，使得地球自转逐渐变慢，自转周期逐渐变长。有人通过计算，推测出这种变化大约每百年地球的自转周期增加 0.001 秒。由于地月系统是一个能量守恒系统，地球自转速度的减慢破坏了这个系统原来已有的平衡状态，这就需要建立一种新的平衡，于是导致了地月距离的逐步拉大。地球自转速度的不断减慢，引起地月距离的不断增大，这种平衡形式的不断破坏和重建若能持续下去，那么在遥远的将来，势必有一天地球和月球的各自自转周期和公转周期都会相等。

到那时，一天就等于一个月了。这样，太阴潮也就是月球在地球上的潮汐隆起也就停止了。但是那个时候，太阳在地球上的潮汐隆起作用仍在进行，专家们给这种作用取名为太阳潮。由于太阳潮也是自东向西传播的，这种作用使地球与月球距离的增大继续进行，再过一段时间，地球上的一天将长于一年，于是又出现了与过去形式相反的太阴潮。由以前的地球自转周期短、公转周期长，变成了相反的自转周期长、公转周期短。换句话说，就是以前的太阳潮时期是一月等于 30 天，新的太阴潮出现后过一定时间就是一天等于几个月了。但这时的月球自转方向不是自东向西的周日运动，而相反却是自西向东运动了。那时，如果人类存在的话，看到的月亮可不是东升西落，而是西升东落了，"日月平升，东升西落"的自然现象可能也一样成为那时人们口中流传的远古神话了。

在那个时候，由于月球周期性运动方向的改变，使太阳潮的运转方向与地球的自转方向一致，不仅消除了潮汐和浅海海底的摩擦引起的对地球的制动作用，而且方向一致产生的极大惯性加速度使地球就像顺风船，自转速度变快，自转周期变短，这样月球和地球的距离又随着缩短。有人曾进行过推算，当地球和月球两者之间的中心距离只有 15000 千米的时候，那时的一个月只有 5.3 小时，而

一天却有 *48* 小时。估计强大的引潮力能把月球撕裂成许多一块块的巨大碎片，散布到地球的外层轨道中去，那时地球的外层空间里就会出现一团明亮的光环。

"地球将来还会出现光环"，科学家根据潮汐作用引起的地球自转速度、方向和月球与地球距离周而复始的变化，推出的这个假想似乎是一个天方夜谭式的神话，缺乏令人完全置信的说服力，况且这种推想还没有建立起证据确凿的科学基础。但人们现在也很难拿出足以否定它的证据。按照这个假说，地球光环的再度出现将会是相当遥远的事，检验这种光环的出现的最高权威是事实，我们人类中谁能留下来欣赏这样的宇宙奇观，并为这种假说充当人证呢？显然谁也没有时间等这么长。我们只能通过宇宙卫星资料去寻找更多的解决这个问题的证据，完全解决这个问题恐怕不是一个短时间的事情。

"地球光环"问题已经被有关高技术国家列为重点研究课题，不久的将来恐怕会有更多解释这种现象的理论著述问世，从而出现更多的揭谜假说，我们可以预见人类总有一天会揭开这个谜底的。

第三章

学生热爱环境教育的主题活动

1. "保护环境，从我做起"主题班会活动方案

活动背景

现在社会的环境表面上看起来改善了，但其中存在许多问题，如：路面打扫天天进行，出动的人力也很多，但保持的不好，说明人们的意识不到位；花草树木植的很多，但遭破坏的也多，尤其是开花的花草树木；废水不让随便排放，交由污水处理厂处理，但污水真正经处理的不多，大多企业或生活废水直接排放到河流中，河水污染，气味难闻；废气污染也相当严重。鉴于这些情况，结合6月5日世界环境日开展本次环保主题班会。

活动目的

通过本次活动，激发学生热爱环境的情感，培养学生保护环境的自我意识；同时，希望同学们能用自己的环保行动影响身边的每一个人，让全社会的人都来保护环境。

活动准备

图片、多媒体课件。环保公益广告语设计、小品。

活动过程

主持人：同学们，21世纪是环保的世纪，提倡绿色、健康、和谐，作为祖国的新一代，我们有义务行动起来，为环境保护尽一份自己的责任"保护环境，从我做起"主题班会活动现在开始。

主持人介绍6月5日世界环境日：

1972年6月5日，是一个值得纪念的日子。这一天，在瑞典首都斯德哥尔摩召开了联合国人类环境会议，各国政府的代表第一次坐在一起讨论全球性的环境问题，发表了人类划时代的历史性文件

《人类环境宣言》。这是人类环境保护史上的一个里程碑。1972 年 10 月，在第 27 届联合国大会上，决定设立联合国环境规划署，并确定每年的 6 月 5 日为"世界环境日"。联合国环境署每年都确定"世界环境日"的主题。"世界环境日"活动是人类广泛进行自我教育一种好形式。

过渡语：优美舒适的环境人人向往，请欣赏图片。（出示图片）

放起柔美、抒情的音乐和优美、迷人的风景图片

主持人：我们生活的环境多么优美，我们的地球多么绿色、和谐，生活在这片美丽的土地上，我们多么幸福啊！

刚才画面上的场景大家向往吗？

过渡语：如果环境遭破坏，又会是什么样子？请欣赏图片。

放起悲伤的音乐，出示环境被污染的图片

主持人：配合图片做简单介绍。

欣赏完这两组图片，大家有什么感想？生活中你见过这样的事情吗？我们又如何来做呢？

（学生积极表达自己的意见和见解。）

主持人：环境优美，万物生长就有生命力，人们的心情就会很好。如果环境被污染破坏，那么人们就会很苦恼、难受，生产生活都会受到影响。同学们，我们只有一个地球，作为祖国未来的接班人，我们有责任去保护它，大家想不想成为环保小卫士？但成为"环保小卫士"也不是一件简单的事。现在将由老师对大家进行一系列的考验，要分别过三关，领证书。如果"三关"顺利通过，就会得到老师颁发的"环保卫士"证书，同学们有信心拿到吗？下边，闯关开始。

第一关："环保知识知多少"：（屏幕出示）

规则：全班分三组进行比赛，两轮闯关，每轮五道题，如果本组中一个人没有回答正确，其他组员可以补充回答，也算过关。

第二关：倡议环保。

要求：通过表演节目来倡议环保。

第一个节目：快板——《谈环保》

第二个节目：相声——《讲文明、树新风》

主持人：这两个节目都揭露了社会中破坏环境的不文明现象，其实这些现象我们身边也有，如：大街上、校园里人们随便吐痰；废纸、塑料袋随意丢弃等等（DV 播放）。对于这些现象我们应该怎么办？

主持人：宣布第二关通过。前面两关同学们都顺利通过了，看来同学们对环保意识相当强了，但那都是"纸上谈兵"，其实，第三关才是真正对同学们的考验。

第三关：环保实践。

主持人：大家在环境保护方面都做过哪些事情？说说看。

先举起制作的手工品，让全班同学看到，然后进行小组展评，评出最佳的3—4件作品到讲台上展示，讲出制作材料、用途等等。

主持人：同学们的环保行动真是棒极了，那么"环保卫士"的证书非你们莫属了！（颁发给学生，班长上台领）

环保是一项持久战，需要我们长久来保持。那么对于我们少先队员来说，力所能及的事情是什么？

（学生自由发言。）

老师适时补充：弯腰拣起地上的一片纸、一个塑料袋、一个饮料瓶；爱护花草树木，给花草树木浇水；悄悄擦去墙壁的灰尘等等。也可以设计一些环保广告语，提醒大家注意。

学生：3至5人读环保标语，然后分组举起环保广告语，让其他同学和老师欣赏。

要求：

（1）课后给自己设计的环保广告"安家"，找一个合适的地方贴上去，提醒大家注意。

（2）希望每个同学走上街头，自觉当好环保小卫士，制止一些不文明行为。

活动反思

活动虽然结束，但我们的环保行动不能结束。因为环保不是一天两天的事，也不是仅靠我们一批小学生就能做好的事，需要全社会你、我、他共同来参与。需要全社会的人都来保护我们美丽的地球村，让我们祖国的天更蓝，水更清，草更绿，人更美。让我们齐唱《手拉手，地球村》，希望环保的行动遍布世界的每个角落。

2."让我们一起保护环境"主题班会活动方案

活动背景

在这几年，人类不断的乱砍乱伐，破坏生态平衡，使地球形成了温室效应，一些物种迅速的减少，有些甚至灭亡。可是绝大多数人还不知悔改，继续破坏。终有一天，人类会像恐龙一样，随着地球生态的灭亡而灭亡。因此，特地组织举行这次"让我们一起保护环境"的主题班会，动员同学们一起行动起来，共同来保护这个属于大家的地球。

活动目的

（1）通过活动，让学生了解当前的环境状况；

（2）让学生在生活中能养成环保的习惯，具备环保的意识；让学生真正明确环境保护的重要性，感受人地协调必要性。

193

活动准备

让学生通过报刊、杂志、Internet 等多种途径，了解我国当前的环境污染状况。

活动过程

教师导入

环保是一个热门的话题，也是一个迫在眉睫的话题。说起环保，我们的许多同学都有这样的想法：环保是环保部门的事，和我们无关；环保就是治理"三废"……其实，环保是地球村上的每个公民的事，也是每个必尽的义务之一。

我们面临的环境问题有哪些？（先让学生讨论他们所知道的环境问题有哪些）

（1）环境污染。读图片及阅读材料，指导学生了解环境污染的各种表现及产生原因。请学生分别举出生活中的相应例子，使学生认识到环境污染的严重性、环境污染对人类生存和发展的危害，明确目前环境污染无处不在的危机现状。

（2）土地荒漠化。由北京曾多次出现沙尘天气，引出由于人类不合理的活动和气候变化等，造成土地退化的现象。读图片及材料，了解土地荒漠化的主要表现和原因。

（3）生态系统破坏。读图片及阅读材料，知道由于人类不合理的砍伐、耕作，使森林减少，生物物种灭绝，植被受到破坏，生态环境恶化。请学生举出生活中人类破坏生态系统的行为。教师总结归纳：地球生物圈是全人类赖以生存和发展的共同家园，世界是一个不可分割的整体，空间上的距离和国家的边界对环境灾难是没有约束力的。环境问题没有国界，是全球性问题，各国的环境问题可以相互影响、相互作用。

面对这些问题，我们应该如何做？（让学生讨论，得出结论）

节约用水

水是生命之源，人类的文明之舟自古依水而行。人类对水的依赖，就像婴儿之于乳汁。河流被称为大地的动脉，湖泊被誉为大地的明珠。河流和湖泊提供了丰富的淡水资源，塑造了富饶的冲积平原，滋润了土地，哺育了人民，成为人类文明发展的摇篮。我们每天节约一滴水，就为地球添加了一分绿色。我们可以做到的：

（1）洗脸洗脚的时候养成使用脸盆的习惯。

（2）一水多用。用洗脸水洗脚水来拖地板、擦洗物品等。

（3）随手关紧水龙头。

节约用电

在我国，火力发电占了我国总发电量的比重还比较大，需要耗费大量的煤、石油、天然气等不可再生资源。节约用电，就是节约能源。我们每天能做的有：

（1）随手关闭教室和宿舍内的灯，做到人走灯灭。

（2）每天少看一分钟的电视等。

少使用塑料制品

现在我们使用的塑料包装袋，大部分是用不可降解的聚乙烯制成的，这些包装物被抛弃到大自然后，会对环境形成"白色污染"。我们每天能做到的有：

（1）尽量使用垃圾桶盛装垃圾而不使用塑料袋。

（2）不使用不可降解的快餐盒。

（3）不随手乱扔塑料包装物。

（4）尽量购买用纸包装的物品。

（5）不使用彩色塑料包装纸包装生日礼物等。

不使用一次性筷子

我们每天使用的一次性筷子，都是用竹子或树木做成的。我们每扔掉一双筷子，就是扔掉一片森林。在我们的日常生活中，尽量使用金属饭勺或非一次性筷子吃饭，而不使用一次性木筷。

拒绝使用含汞的干电池

在我们平时使用的干电池中，含有对环境及健康有很大威胁的汞。一次性电池中往往含有大量的汞，而可充电干电池中汞的含相对较低或不含汞。在我们的日常生活中应注意：

（1）不使用含汞的干电池，尽量使用可充电电池。

（2）不要随手丢弃用过的废电池，最好能将用过的电池集中起来，交到学校旧电池回收箱，送到处理厂。

保护校园内的花草树木

校园内的花草树木，除具有美化环境的作用，还有净化空气，吸收噪音、灰尘的作用。保护花草树木，也是保护环境。我们可以做到：

（1）不要随意践踏草坪。

（2）不攀摘花果。

（3）按时给花草浇水。

节约粮食

粮食的生长过程，需要消耗大量的光、热、水、肥资源，节约粮食，就是节约资源，就是环保。

活动反思

通过这次主题班会，使孩子们知道了在日常生活中哪些行为有利于环保，怎样做才环保，相信通过这次活动，孩子们在环境保护上都会有更深的认识，并会做出一些他们认为有意义的事情。在今后的工作中，教师还应该继续把环保知识渗透到孩子的日常生活中，让孩子从小树立环保意识，养成好习惯，为我们的生活环境做出些贡献。只要大家都来关心环境，注重环保，那么每一个人都能为环保贡献出自己的力量。